El juglar de la frontera

Robert E. Howard y el sueño americano

Mario Martínez

www.archivosvola.es

ISBN: 978-84-129820-8-4
D.L.: M-42-2026

ÍNDICE

I. Introducción   7

II. Historia de una infamia   11

III. Vida y caos: auge, caída y auge de la civilización   18

IV. La caída del Imperio Americano   25

V. El juglar de la frontera   50

VI. Borderlands   59

VII. Who are We?   63

VIII. Spindletop y el fin del sueño americano   77

IX. Libre, fuerte y auténtico   99

Bibliografía   102

Para Alfredo Lara, patriarca de la frontera en España, viajero asiduo de mundos perdidos, coleccionista de raras sobrecubiertas y prescriptor inagotable. Maestro y amigo.

I. INTRODUCCIÓN

Robert Ervin Howard nació en Peaster, Texas, en enero de 1906 y puso fin a su vida treinta años después. Su obra, prolífica e innovadora, y sus personajes, con el brillo particular de Conan, cimentarían su leyenda y lo acabarían convirtiendo en una referencia cultural ineludible, no sólo en lo que más tarde se ha llamado *espada y brujería*, sino de la fantasía, el terror y la aventura en general. Su nombre, hoy día, puede medirse con el de otros gigantes del género como H.P. Lovecraft, Edgar Rice Burroughs o, por qué no, J.R.R. Tolkien.

De todos ellos, Howard ha sido, sin duda, el más incomprendido. Una muerte prematura dejó su obra en manos de otros, quienes no respetaron la esencia original de sus textos, ni la visión del propio autor, y transformaron a personajes como Conan, Kull y Solomon Kane en iconos de una popularidad masiva que no siempre reflejaban las intenciones y profundidad que Howard les había dado en vida.

La figura del propio Howard se convirtió, con la colaboración necesaria de sus testaferros, en una caricatura. Un prolífico escritor, sensible, culto, sagaz y con una mirada radicalmente novedosa se convirtió para el gran público en alguien que no estaba muy bien de la cabeza. Un hombre creativo, qué duda cabe, pero con enormes problemas psicológicos, que limitaron su genio y le llevarían finalmente a la tumba.

Tras ese periodo en el que los intereses comerciales secuestraron la obra de Howard, los diferentes grupos de fans y estudiosos lograron rescatar y reivindicar la pluralidad, diversidad y riqueza en matices que caracterizan el legado del autor. El ensayo que presentamos aquí se alinea con esa misión, explorando en profundidad un tema que fue fundamental para la identidad de Howard y para su inspiración como escritor: el papel de la frontera americana en la historia de los Estados Unidos.

A lo largo de las siguientes páginas intentaremos comprender cómo la idea del Oeste, del mundo de la frontera, llegó a convertirse en un elemento esencial de la identidad y la visión artística de Robert E. Howard. En primer lugar, abordaremos su legado literario y observaremos cómo, tras su muerte, sus obras ganaron popularidad mientras su figura era, en el peor de los casos caricaturizada, y en el mejor, incomprendida.

Considerándolo un autor complejo y maduro, nos adentraremos en su concepción del universo: un ciclo eterno de progreso y decadencia, un nihilismo inevitable contra el que, sin embargo, el hombre debía luchar. Esa visión sostiene tanto sus afinidades estéticas como su sentimiento de pertenencia a épocas pasadas. Howard ha pasado a la historia como el gran poeta de lo bárbaro y es cierto en buena medida. Sin embargo, no lo fue por un gusto morboso hacia la violencia gratuita, sino por una pasión indómita por la libertad.

El contraste con Lovecraft resulta siempre revelador y por eso será una herramienta constante. Analizar sus visiones enfrentadas sobre Roma nos permitirá mostrar con claridad esta cuestión. A partir de ese ejemplo, se entenderá mejor la verticalidad del de Providence, su creencia en el progreso cimentado en la ciencia, la razón y el Imperio, frente al espíritu libertario del texano y su desconfianza radical hacia cualquier poder centralizado. Ambos contemplaron el caos del universo, pero lo enfrentaron, usando el lienzo de la ficción y los recursos de la historia humana, de manera muy distinta.

Frente a esa decadencia, Howard siempre sostuvo el ideal de la frontera americana. Veía en la expansión del país durante las guerras indias y mexicanas el germen de un tipo de hombre particular, libre, individualista y especializado, y de una sociedad democrática única. Detallaremos cómo Howard veía en el rápido desarrollo económico una amenaza que acabaría por erosionar y destruir el carácter que el Oeste había insuflado a la nación.

En este recorrido, nos detendremos para ver cómo se configuró esa visión en su entorno familiar y cómo germinó en él a lo largo de su niñez. Examinaremos ejemplos concretos de cómo la frontera se plasmó en su ficción y llegó a erigirse en un auténtico eje vertebral de su obra. Lo haremos apoyándonos tanto en los estudios académicos que han tratado de desentrañar este aspecto como en la lectura, siempre apasionante, de sus propios relatos, donde podemos advertir el latido de esta idea.

Finalmente, retomando el hilo que habíamos comenzado en sus discusiones sobre Roma, analizaremos cómo Lovecraft y Howard trasladaron esas diferencias a la hora de considerar el momento histórico de los Estados Unidos y sus posibles salidas. Todo aquello que anticiparon en sus cartas sobre Roma se concretó en un debate sobre el presente. En él, Lovecraft, aún en su etapa de simpatía hacia el fascismo, trató de reducir la posición de Robert a la de un idealista nostálgico. Incluso a de un chico un poco bruto. Frente a ello, Howard se afirmó con algunos de los pasajes más bellos de su correspondencia. En ellos, la frontera y el espíritu aventurero se alzaban como la piedra de toque de una visión. Una propuesta para la América de su tiempo: defender la libertad del hombre. Una libertad básica, digna e irrenunciable, que no debía claudicar jamás frente al reino del dinero, de la máquina y del Estado.

Robert Erwin Howard murió el 11 de junio de 1936 a la edad de treinta años. Pasó su última noche en vela junto a su madre, enferma crónica de tuberculosis. Sin esperanza de que pudiera recuperarse, Robert salió por la mañana de casa, entró en su coche y se disparó en la cabeza. En su cartera, encontraron un trozo de papel mecanografiado con dos versos del poema *The house of Cesar*, de Viola Garvin:

> Todo huye; se ha acabado; súbeme a la pira
> El festín concluye, las lámparas expiran

Robert ponía fin a su vida habiendo cumplido su deseo: ser un escritor profesional. Desde que empezara a escribir en la revista escolar *El chismoso*, allá por 1922, Howard dedicó su vida al sueño de vivir de la literatura. Escribió sobre todo aquello que le rodeaba y apasionaba: Texas, su historia y la frontera, el boxeo, la naturaleza, el boom del petróleo en su estado natal, la política, la depresión económica, la historia de los pueblos, la civilización, la barbarie, la libertad y su país, los Estados Unidos.

Todo ese conocimiento se plasmó en una extensa y rica obra literaria que incluye poemas, cuentos y novelas cortas de todos los géneros. Desde las historias de boxeo, al western, la fantasía, la narración histórica o el terror. Sus protagonistas, con su carácter y carisma distintivos, consolidaron la fama del autor: Steve Costigan, Kull de Atlantis, Bran Mak Morn, Vulmea el Negro, Solomon Kane, El Borak y el más popular, aquel que consagraría su leyenda, Conan de Cimeria.

Como narra Mark Finn en su biografía, *Fuego y Sangre*, a la muerte de Robert, su padre y su agente continuaron intentando publicar manuscritos inéditos o rechazados. En aquellos años, los autores que habían formado parte del Círculo Lovecraft ayudaron en esta tarea. En 1947, August Derleth publicaría algunas historias de terror de Howard en *Skull Face*. Por su parte, E. Hoffman Price se encargó de revisar un baúl que el autor había dejado lleno de historias que jamás vieron la luz. Finalmente, en 1950 saldría la primera historia de Conan en tapa dura tras la muerte su creador: Conan el conquistador.

El éxito de su publicación hizo que la editorial Gnome Press planease una recopilación de historias en tapa dura del personaje y de otras creaciones de Howard. Sin embargo, la historia de Conan y de su autor estaba a punto de cambiar. Lyon Sprague de Camp, un escritor de fantasía que había reseñado estas primeras publicaciones póstumas de Howard, contactó con los poseedores de los derechos para participar en la edición de las próximas historias. Su creciente intervención acabaría convirtiéndole en la persona que moldeó la imagen de Conan y Howard en el siglo XX.

De Camp reescribió a su gusto tres historias inéditas de Conan (*El dios en el cuenco*, *El extranjero negro* y *La hija del gigante de hielo*). La buena acogida de estos relatos hizo que se inmiscuyera de manera progresiva en el desempeño editorial del personaje. Tomó manuscritos inéditos de otras creaciones de Howard y los utilizó como punto de partida para completar hasta 7 novelas y recopilaciones que se publicarían entre 1950 y 1957. En 1959, tras una nueva disputa por el legado editorial de Howard, de Camp acabaría haciéndose también con los derechos de las diecisiete historias originales que habían popularizado al personaje en la revista *Weird Tales* en los años 30.

En 1965, De Camp intermedió para que el baúl que Hoffman Price había recibido con material inédito pasara a manos de Glenn Lord, un joven fan de Howard, que había conseguido publicar en 1957 la primera colección de poesía del autor. Sin embargo, las historias de Conan siguieron en manos de De Camp, que las publicó junto a las que él había editado y reescrito en una colección de bolsillo de la editorial Lancet. Esta colección, que saldría a la venta durante todos años 60 con las inmortales portadas de Frank Fazzeta, sería la que popularizara definitivamente al personaje. Sobre la ola de este éxito, en 1970, Marvel Cómics acabaría comprando los derechos para producir dos series: *Conan, el bárbaro*, de Roy Thomas y Barry Windsor Smith, y *La espada salvaje de Conan*, a cargo de John Buscema.

Los años 70 son testigo de una paradoja: Conan está en su máximo esplendor desde que el personaje fuera creado, sin embargo, las historias tal y como habían sido concebidas originalmente por Howard no han visto la luz y el resto de sus personajes siguen siendo prácticamente desconocidos para el gran público. Tampoco se sabe demasiado del autor. Desde las publicaciones de los años 50, De Camp se había convertido en la fuente oficial de la biografía de Howard. Sin embargo, sus textos estaban llenos de inexactitudes y tópicos que pretendían convertir a Robert en un personaje más de sus historias.

Frente a esa labor de De Camp, Glen Lord inició una labor erudita que pretendía rescatar al verdadero Howard. En las páginas de las crecientes revistas y fanzines editados por los incondicionales del autor, Lord debatía con De Camp sobre las generalizaciones, malentendidos y tópicos que contaba sobre Robert. Al mismo tiempo, comenzó una labor editorial para rescatar a los personajes que habían quedado a la sombra de Conan. Durante esos años, ven la luz el western *Un caballerete de Bear Creek*, *Almuric* y las historias de *Kull de Atlantis*. Es en ese clima de creciente interés por la verdadera vida y obra de Howard, los fans comienzan a reclamar una publicación fidedigna de los relatos del cimerio, sin los añadidos de De Camp, que acabaría por vetar cualquier iniciativa en ese sentido.

Pese a la polémica en la creciente comunidad de estudiosos de Howard, el interés por Conan seguía aumentando. Con motivo de la compra de los derechos del personaje para hacer una película, se formó la empresa *Conan Inc*, que incluyó en su consejo a De Camp y a Lord. A pesar de las muchas virtudes del resultado, *Conan, el bárbaro* (John Milius, 1982), el personaje reflejado es más deudor de la obra alterada por De Camp que del original de Howard. Sin embargo, la película y su secuela *Conan, el destructor*, darían un nuevo impulso a las historias del héroe. La editorial Ace publicaría una nueva colección de bolsillo, coordinada por De Camp, que incluía tanto sus relatos como otros de nueva creación. De Camp aprovecharía la nueva década para publicar *Dark Valley Destiny*, la primera biografía de Howard.

La biografía tuvo mala acogida por los fans, que ya habían criticado a De Camp por su control de los relatos de Conan y las inexactitudes y tópicos en sus notas biográficas. Esta comunidad se organizó en asociaciones como la REHupa y editaron publicaciones, como *Amra*, para preservar el legado de Howard al margen de la explotación comercial que De Camp practicó durante casi 40 años. Fruto de esa labor, aparecieron estudios más serios sobre la figura del autor, como *The Dark*, de Dan Herron y *The Starmont Reader's Guide*, que supuso el primer estudio de la obra completa de Howard con ambiciones científicas. La de estos apasionados no fue la única respuesta al trabajo de De Camp. Novalyne Price, que había sido la única novia de Howard en vida, publicó *One Who Walked Alone*, un libro biográfico que pretendía dar una nueva imagen de Robert y desmentir varias de las afirmaciones de De Camp.

La edición sistemática de las obras originales del autor, con sus textos tal y como los concibió el texano, tuvo que esperar a la muerte de De Camp. A finales del siglo XX, la editorial británica Wandering Star planificó una colección de las obras completas de Robert E. Howard y publicó las historias de Solomon Kane en tapa dura y con ilustraciones, dando una respetabilidad y fidelidad a la obra que no habían conocido. Así, las obras han ido viendo la luz tal y como las pensó su creador, liberándose de la pesada carga de los pastiches comerciales que se les impuso durante más de medio siglo.

Desde ese momento, las obras de Howard han ido publicándose de manera progresiva en todo el mundo respetando los textos originales. Sobre la estela de Don Herron, han aparecido nuevos estudios académicos, como el libro de ensayos *Conan Meets de Academy* o diferentes artículos en revistas académicas, algunos de los cuales se citan en las fuentes por su contribución al texto. La culminación de ese proceso puede fijarse en la publicación de *Blood and Thunder: The Life of Robert E. Howard*, de Mark Finn en 2006. Su investigación meticulosa reivindicó la importancia del entorno texano de Howard, su contexto político y económico, a la vez que desmentía las distorsiones de De Camp. La obra de Finn permite al lector conocer la cosmovisión del autor al detalle, como condición necesaria para comprender todas las dimensiones de la obra de Howard y, particularmente, la frontera americana.

Para comprender la visión de Robert E. Howard sobre el mundo, es esencial partir de dos conceptos clave. Primero, Howard percibía la entropía como condición fundamental de la existencia, donde el desorden y la confusión reinaban sobre el universo. Segundo, el autor creía en el impulso humano de imponer orden y valores frente a una naturaleza caótica, creando así, en la historia humana, un ciclo perpetuo de auge y caída de las civilizaciones, ascensos y declives en una rueda que nunca para de girar, pero a la que los hombres siempre intentan sobrevivir.

Sus personajes, y él mismo, son conscientes de este oscuro punto de partida entrópico. A menudo, sus héroes terminan una aventura reflexionando sobre lo vano del lugar que ocupan en la existencia, sospechando de la naturaleza oscura y retorcida que distingue al tiempo y el espacio.

Dos párrafos del relato *Reyes de la noche*, perteneciente tanto al ciclo de Bran Mak Morn como de Kull de Atlantis, expresan esta idea de manera poética:

"¿Quién sabe? –preguntó de soslayo el mago–. El tiempo y el espacio no existen. No hay pasado, y no habrá futuro. El ahora lo es todo. Todas las cosas que fueron, son y alguna vez serán transcurren ahora. El hombre es siempre el centro de lo que llamamos el tiempo. He ido al ayer y al mañana y ambos son tan reales como el hoy… ¡que es como los sueños de los espectros!"

"Así pues, Kull vivió a pesar de sus muchas heridas –dijo Cormac–, ha retornado a las neblinas del silencio y de las centurias. Bien… pensó que éramos un sueño; nosotros pensamos que él era un espectro. Y seguramente, la vida no es más que una red tejida con espectros, sueños e ilusiones y me parece que el reino que ha nacido este día de las espadas y la matanza en este aullante valle, no es más sólido que la espuma del brillante mar."

Esta melancolía céltica, como él a menudo la llamó, nunca sirvió como excusa paralizante para él, ni para sus personajes. Tampoco para justificar una mirada nihilista. Lejos de eso, los héroes howardianos afirman su existencia con la vitalidad de la acción. Se saben el centro del tiempo. Son reyes, guerreros y aventureros. Forjadores de historias y mitos. Así quedó inmortalizado en uno de los párrafos más memorables de las historias de Conan, *La reina de la costa negra*:

"Quizá no haya más que la negrura infinita que proclaman los escépticos nemedianos, o el reino de hielo y nubes de Crom, o las llanuras nevadas y los salones abovedados del Valhala de los hombres de Nordheim. No lo sé, ni importa. (…) Que los sabios, los filósofos y los sacerdotes se devanen los sesos dilucidando qué es realidad y qué es ficticio. Sólo sé una cosa: si la vida es una quimera, también lo soy yo; por tanto, la quimera es real para mí. Vivo, me abraso en la vida, amo, mato… Es suficiente".

Y así lo transmitió el propio Howard a H.P. Lovecraft en una carta de enero de 1934:

"En primer lugar, considerándolo desde un punto de vista cósmico (…) considerando el cosmos en su conjunto, estoy convencido de que las cosas son un barullo sin sentido, que una mariposa es tan importante como un hombre, que un babuino es tan significativo como un artista y que no significa absolutamente nada para el universo si un hombre es un imbécil o un genio. Y, sin embargo, al mismo tiempo, reconozco la importancia vital de una escala de valores en lo que respecta a los asuntos humanos, en lo que concierne a la relación de humanos con otros humanos".

Los héroes de sus relatos tienen que enfrentarse siempre a la entropía aferrándose a sus propios valores. Para Howard, la incertidumbre no era sólo la condición inherente a la naturaleza, sino que era el factor determinante de la evolución de todas las sociedades humanas que se enfrentaban a ella. En su lucha por imponer orden frente al caos, de dominar lo indomeñable, las civilizaciones atraviesan un ciclo constante de crecimiento, seguido por la decadencia y el colapso. Su carta a Lovecraft en septiembre de 1932 contiene una de las mejores descripciones de cómo entendía él este proceso:

"Creo que la raza, pasando de una oscuridad sangrienta y semibárbara transita a un corto periodo de luz en la cultura y libertad, que pasa a un periodo de enorme prosperidad comercial durante el cual, de forma desapercibida por la masa descerebrada que está demasiado ocupada disfrutando de los lujos materiales, los derechos comienzan a ser sutilmente limitados. La inflación de prosperidad pasa y la gente se despierta en la pobreza y la esclavitud, de una manera o de otra."

El ciclo perpetuo de auge, degeneración y caída de las civilizaciones, la alternancia entre civilización y barbarie ha sido uno de los elementos más identificativos de Howard. Sin embargo, la publicación en forma de meme de algunas frases y la falta de comprensión que el propio Lovecraft mostró ante la postura de Howard han extendido el mito de que el texano veía en la barbarie una forma de vida más pura o verdadera que la civilización. Este malentendido, alimentado por la imagen que De Camp quiso dar de Howard, han dibujado la imagen de un hombre simple y con tendencias a la glorificación de la violencia. La verdad es diferente y mucho más rica en matices.

Howard fue, desde luego, un crítico de la civilización moderna y de la idea de progreso, que consideró siempre un falso mito y un paso más antes de la decadencia inherente al ciclo de la existencia humana. Escribe a Lovecraft en 1935:

"No creo que nuestra civilización sea perfecta y me reservo el derecho –igual que haces tú– a criticar las fases que por observación, experiencia, comparación y sentido común me llevan a pensar que son cuestionables. Creo que el sistema moderno contiene engaños e hipocresías que lo mueven en la dirección exactamente opuestas a los ideales y estándares que supuestamente debían representar. Creo que la civilización alimenta ciertas características cuestionables por sí mismas, que no son meros rastros de barbarismo. Creo que nuestra civilización moderna ya ha pasado su pico –excepto en el desarrollo mecánico– y está retrocediendo, en vez de avanzar hacia un plano más alto de vida."

No obstante, su crítica de la idea de progreso no implica una defensa del modo de vida bárbaro. Lo dejó claro en este bellísimo fragmento de una carta enviada en noviembre de 1932:

"Nunca dije que la barbarie fuera superior a la civilización. Para el mundo en general, la civilización, incluso en su forma decadente, es indudablemente mejor. (…) Mi concepción de un bárbaro es muy diferente. No tenía estabilidad, ni excesiva dignidad. Era feroz, vengativo, brutal y frecuentemente sórdido. Le atormentaban la oscuridad y los miedos sombríos. Cometía horribles crímenes por razones monstruosas. Como raza, apenas exhibía el valor inquebrantable que suelen mostrar los hombres civilizados. Era infantil y terrible en su ira, sangriento y traicionero.

Como individuo, vivía bajo la sombra del jefe de guerra y del chamán, cada uno de los cuales podía llevarlo a un final sangriento por un capricho, un sueño, una hoja flotando en el viento. Su religión era, por lo general, de perdición y sombras, sus dioses eran horribles y abominables. Le ordenaban mutilarse a sí mismo o masacrar a sus hijos, y él obedecía por temores demasiado primordiales para que cualquier hombre civilizado pudiera comprenderlos. Su vida era a menudo una esclavitud de tabús, afilados filos de espada, entre los que caminaba temblando. No tenía libertad mental, tal como la entiende el hombre civilizado, y muy poca libertad personal, pues estaba atado a su clan, a su tribu, a su jefe. Sueños y sombras le perseguían."

En el relato *Hombres de las sombras*, del ciclo de Bran Mak Morn puede encontrarse uno de los ejemplos más sugerentes y simbólicos de esa visión de la historia de Howard:

"El círculo sin principio –dijo el brujo–. El círculo sin fin. La Serpiente con la cola en su boca, que abarca el Universo. Y los Tres Místicos. Principio, pasividad, fin. Creación, preservación, destrucción. Destrucción, preservación, creación. La Rana, el Huevo y la Serpiente. La Serpiente, el Huevo y la Rana. Y los Elementos: Fuego, Aire y Agua. Y el símbolo fálico. El dios del Fuego se ríe".

La entropía como fuerza inevitable contra la que el hombre se rebela y el ciclo perpetuo de auge y caída de las civilizaciones son los pilares centrales en la cosmovisión de Robert E. Howard. Su obra y su mirada sobre el mundo estuvieron siempre atravesadas por la conciencia de lo efímero, pero también por la fascinación ante el esfuerzo humano por mantenerse en pie. Sus héroes luchan contra cualquier enemigo, ya sean los hombres más allá de la frontera o el paso del tiempo y el caos del universo. Sin importar la victoria o la derrota. El caos de la existencia, el auge y declive de las sociedades y la lucha por la supervivencia surgieron en él dentro un contexto muy específico, sobre el cual lanzó siempre su mirada implacable.

Roma es el imperio eterno. La civilización que ha dejado una huella más profunda en la imaginación política de Occidente y, casi por extensión, del mundo entero. Roma sigue siendo, incluso hoy, origen, modelo y destino de Occidente, que se mira en su espejo casi quince siglos después de su caída. El legado jurídico, político, arquitectónico y simbólico sobrevive en nuestros días en cientos de edificios institucionales, en los ideales de república, ley y ciudadanía.

Estados Unidos, desde su fundación, se ha concebido a sí mismo como un heredero directo del mundo antiguo y de Roma. Los padres fundadores, Washington, Jefferson, Franklin o los federalistas, se formaron en la lectura de Tácito, Cicerón y Tito Livio. No es casual que la sede legislativa del país recibiera el nombre de Capitolio, en homenaje a la colina capitolina. El emblema nacional muestra un águila que recuerda a las legiones; en su garra izquierda empuña un haz de flechas y en la derecha una rama de olivo, como el Júpiter romano entre la guerra y la paz. En el podio de la Cámara de Representantes, como en el trono de Lincoln, grabados en piedra, aparecen los fasces, símbolo del poder magisterial en la Roma republicana. Incluso el término "Senado" fue adoptado como afirmación directa de la continuidad clásica.

Esa fascinación y sentido de la continuidad no se limitó a las élites políticas. También permeó la cultura popular y la literatura. Roma fue asumida como aspiración de la gloria para la joven república, pero también como advertencia de las consecuencias del declive. Los Estados Unidos podían convertirse en Imperio, estaban en proceso de serlo, pero también podían convertirse en el despojo de una vieja gloria, saqueada por hombres llegados allende el limes. Para H.P. Lovecraft y Robert E. Howard, Roma ofrecía un campo fértil desde el que pensar y confrontar su propio presente. Ambos la conocían, pero la sentían desde lugares muy distintos. Lovecraft se reconocía en el orden romano, en su racionalidad estética, su impulso jerárquico y su defensa de la civilización como estructura contra el caos. Como *katejon*. Howard, en cambio, se identificaba con quienes la resistieron: pictos, galos, druidas, celtas. Para él Roma era la maquinaria del yugo, la civilización como disolución de lo auténtico, la racionalización del mundo como paso previo a su agotamiento y caída.

Este contraste no era puramente estético, ni retórico. En su discusión sobre Roma se concentraban muchos de los ejes que atravesaban su obra y sus ideas: la tensión entre lo físico y lo mental, entre el individuo y las instituciones, entre la libertad y el poder regulador del Estado, etc. Pero más aún, esta discusión sobre el Imperio servía a ambos como plataforma para abordar un tema que reaparecerá a lo largo de nuestro análisis: la cuestión de la identidad, entendida desde el punto de vista racial, cultural o moral, y su disolución bajo la presión de los nuevos pueblos, nuevas formas de poder y el agotamiento de valores fundacionales. Roma es una ilustración y metáfora perfecta para ilustrar los pensamientos políticos y la visión sobre la sociedad que ambos aplicaron a su presente.

En este capítulo abordaremos cómo Lovecraft y Howard, desde posiciones antagónicas, vieron en Roma no sólo un símbolo del pasado, sino una advertencia proyectada sobre el presente. Y cómo, en el caso de Howard, esa advertencia acabará trasformada en alternativa: la frontera americana como ejemplo de libertad y reserva moral frente al colapso civilizatorio.

Más allá de la distancia ideológica, los dos compartían una intuición común: que los Estados Unidos recorrían una senda análoga a la de Roma y que el destino de la república americana no podía pensarse sin entender la historia del antiguo imperio. Intentaremos explorar esa intuición compartida y sus divergencias: Roma apareció en sus debates como símbolo histórico, racial y moral en sus debates y sus respuestas al colapso de los valores americanos dieron lugar a diagnósticos distintos, aunque igualmente lúcidos y meritorios, sobre la decadencia de su tiempo y sobre la cosmovisión fronteriza que Howard defendió como freno.

En el corazón de sus larguísimas discusiones, ambos acabaron asumiendo su individualidad como encarnación simbólica de una fuerza histórica. Defender o criticar el papel histórico del Imperio romano no se trataba de un mero ejercicio teórico o de onanismo intelectual. Tanto Howard como Lovecraft proyectaban sus opiniones, sueños e incluso sensibilidad histórica desde una identificación profunda, casi espiritual, con un polo opuesto del mundo antiguo. Howard era un bárbaro y Lovecraft un romano. Ambos lo sabían desde el centro más profundo de su ser. En el caso de Howard, la influencia de la última novela de Jack London, *El peregrino de las estrellas*, se hace aquí especialmente visible.

En enero de 1931, Howard explicaba con detalle esa identificación instintiva. Sus sueños no se desarrollan en la Texas contemporánea, sino en paisajes fríos y brumosos, entre páramos y bosques azotados por el viento. Allí, dice, nunca es un hombre civilizado, sino un salvaje de ojos claros, armado con un hacha. Escribe:

"Creo que muchos sueños son el resultado de recuerdos ancestrales transmitidos a lo largo de los siglos. He vivido toda mi vida en el suroeste, sin embargo, la mayoría de mis sueños transcurren en tierras frías, gigantescas, de desechos helados y cielos sombríos, de ciénagas salvajes azotadas por el viento del mar y habitadas por salvajes de ojos fieros y cabellos enmarañados. [...] Cuando sueño con

Grecia, es siempre la Grecia de los primeros días bárbaros, cuando llegaron las hordas arias, nunca la Grecia de la corona de mirto y la Edad de Oro. Cuando sueño con Roma, siempre estoy en su contra, odiándola con una ferocidad que, en mi juventud, persistía incluso en mis horas de vigilia. Todavía recuerdo, con cierta perplejidad, el placer salvaje con el que leí, a los nueve años, la destrucción de Roma por los bárbaros germánicos. Al mismo tiempo, leer sobre la conquista de Britania por esas mismas razas me llenó de resentimiento."

Lovecraft responde en su siguiente carta. Su contraste es total. No puede imaginarse en otro lugar que no sea como un portador de la antorcha del imperio. Se reconoce como romano en lo más íntimo. Escribe a Howard:

"Debo admitir –pese a tu aversión por Roma– que nunca me ha sido posible sentirme como otra cosa que no sea un romano en relación con la historia antigua. En cuanto la historia retrocede más allá de la conquista sajona de Britania, mi lealtad instintiva y mi sentido intangible de pertenencia se desvían del Támesis al Tíber con una brusquedad asombrosa –y no puedo evitar pensar en 'nuestras' legiones, 'nuestras' conquistas, 'nuestras' águilas relucientes, y 'nuestro' melancólico destino cuando la sangre extranjera diluye el antiguo linaje de nariz aguileña y debilita nuestra fibra ante la invasión bárbara. [...] Me emocionan profundamente expresiones como *S.P.Q.R.*, *¡Alala!*, *Nostra*

Respublica, mores maiorum, consuetudo Populi Romani, la toga, el *gladius*, las águilas. Y nombres como *Brundisium, Florentia, P. Cornelius Scipio* o *Cnaeus Ventidius Bassus* me provocan un estremecimiento peculiar, casi inefable."

Esa identificación emocional iba mucho más allá de la fascinación intelectual. No era una simple admiración por la antigüedad, sino una autopercepción interiorizada con total naturalidad. Lovecraft imaginaba Roma como su propio lugar de pertenencia, el contexto histórico en el que sentía que su espíritu encajaba por completo. En sus sueños y evocaciones del pasado, se veía con rasgos típicamente romanos, parte de esa misma estirpe de conquistadores. Y no sólo se reconocía en su imagen física. También lo hacía en los nombres. Como si fuesen fragmentos de una biografía dispersa, nombres de una misma conciencia que, pasados los siglos, le seguían recordando su lugar.

Así lo expresaba: "Mi imagen de mí mismo en todos esos sueños es la de un hombre de mediana edad y fisonomía típicamente romana –una imagen que no ha cambiado desde la infancia hasta el presente. Mi nombre, sin embargo, varía bastante: *L. Caelius Rufus, M. Valerius Messala, C. Hurunculeius, P. Cornelius Lentulus Crus, T. Fulvius, P. Licinius*, entre otros muchos. No es exagerado decir que estoy obligado a contemplar todo el mundo antiguo con ojos romanos. Me resulta sinceramente difícil pensar en regiones como Graecia, Aegyptus, Palaestina, Hispania,

Gallia, Illyricum, Mesopotamia, Carthago, Cyrenaica, Athenae, etc., con otros nombres que no sean los romanos"

El propio Lovecraft reconoce el origen infantil de esta identificación. En octubre de 1931 explica que, desde niño, entre libros ilustrados y relatos familiares, siempre sintió que Roma era su hogar en la antigüedad. Su abuelo había viajado a la ciudad y todavía conservaba folletos, postales e información, que el joven Lovecraft había devorado con los ojos. La arquitectura que vio en ellos, como las columnas corintias, le recordaban a la arquitectura pública de los edificios de Nueva Inglaterra. El alfabeto, el idioma, las costumbres. Roma era algo familiar. Incluso cuando escuchaba las historias de persecuciones cristianas en la escuela dominical, su simpatía seguía estando con la Roma pagana. Escribe:

"Roma era la que más vínculos tenía con las escenas y las costumbres que me rodeaban, por lo que para mí era la más natural a la que dirigirme cuando mi objetivo era la antigüedad en sí misma. [...] Mi sentido de pertenencia está inquebrantablemente con Roma y la civilización romana. [...] Nunca sentí la menor simpatía por el rebaño cristiano; me parecía ridículo que pretendieran que me identificara con ellos."

Howard, por su parte, continuó profundizando en esa autoimagen bárbara. En diciembre del 31 fantasea incluso con un pasado común con Lovecraft: "Quizás tú fuiste un centurión romano acorazado y yo un godo cubierto de pieles, y quizás nos partimos el cráneo mutuamente en algún campo de batalla de la antigua Britania. Hay un hechizo mágico en la frase. El mero repetirla me trae imágenes vagas, seductoras, hermosas: caminos cubiertos de hiedra, palacios de mármol, armaduras brillando bajo los árboles altos, plumas ondeando, mujeres de ojos extraños al sol, colinas verdes bajo la luz dorada del poniente… aunque siempre, siempre las veo con ojos de bárbaro. Es como bárbaro que recorro esos caminos blancos, cabalgo por los bosques y escucho, a lo lejos, el eco limpio del cuerno de guerra."

Esa fantasía de una vida común también la compartió Lovecraft, que ese mismo mes, escribía a Howard: "Tu visión de la Britania romana suena muy vívida, quizás la vi muchas veces mientras cabalgaba por los campos y bosques durante mi servicio bajo P. Ostorius Scapula."

En marzo de 1932, ya con el personaje de Bran Mak Morn plenamente interiorizado, Howard confirmaba que esa oposición al Imperio no era algo intelectual, sino visceral:

"A veces pienso que Bran no es más que el símbolo de mi propia antipatía hacia el imperio, una antipatía no tan fácil de entender como mi simpatía por los pictos. [...] Cuando sueño –no en ensoñaciones, sino en sueños reales– que lucho contra las legiones romanas y retrocedo, herido, la imagen que me surge es la de un mapa, con el vasto

Imperio de Roma, y más allá de su frontera, fuera del dominio, esa leyenda críptica: 'Pictos y Escotos'. Y siempre el pensamiento me daba nuevas fuerzas: entre los Pictos podía encontrar refugio."

A pesar de esta oposición instintiva, Howard tampoco fue un fanático. Reconoció el valor de Roma como adversario formidable y admiró gestas concretas. Incluso llegó a admitir que, siempre y cuando las legiones se dirigieran al Este, apoyaría al Imperio. Ahora, si pretendían arrebatarles la libertad a los pueblos del Oeste, de los que él formaba parte espiritualmente, combatiría a las águilas hasta la muerte.

Ambos articulan algo más profundo que una simple preferencia estética. Su visión del imperio es algo existencial que nos habla sobre el papel del individuo frente al rodillo de la historia. Howard está del lado de los pueblos libres, fieros y condenados. Lovecraft forma bajo las cúpulas del orden y la razón. Uno encarna la periferia indómita. El otro, el centro civilizador. El romano y el bárbaro. El imperio y la frontera.

Lovecraft vio en Roma un símbolo histórico superior en la evolución de la humanidad. Estaba convencido de que, sobre los cimientos de la cultura griega, la civilización romana había inaugurado una nueva fase en el desarrollo de nuestra especie. O más específicamente, de la raza civilizada. Su admiración no era una preferencia estética, ni

una identificación (trans)personal como la que hemos ana-
lizado anteriormente. Roma representaba el verdadero
punto de partida del progreso. Ningún imperio posterior
ningún avance científico, ningún orden político o cultural
habría sido posible sin los cimientos que Roma estableció.
Esa herencia seguiría presente, igual de bella, funcional y
visible que los antiguos templos y acueductos en nuestras
modernas ciudades de cemento y cristal. Roma era la luz,
cultura, medida, proporción y orden donde todo lo demás
era oscuridad.

En agosto de 1932, explicaba en una de sus cartas que las
civilizaciones clásicas, y muy especialmente Roma, habían
alcanzado un punto en el que el ser humano había logrado
suficiente estabilidad material y dominio sobre su entorno
como para poder desarrollar aspectos más complejos de su
intelecto y sensibilidad. Desde ese punto, la civilización
había crecido hasta convertirse en la expresión más avan-
zada y pulida del potencial humano:

"Donde el bárbaro tenía sólo unos pocos motivos simples
y placeres, y usaba sólo una fracción de su herencia como
primate altamente evolucionado, el hombre civilizado tenía
infinitamente más estímulos y recompensas gracias a un
desarrollo más completo de sus capacidades. (…) Me parece que una civilización vigorosa, intelectual y ordenada en
su cénit (…) es el mejor sistema bajo el cual un hombre
puede vivir."

No es casual que Lovecraft mencionara entre sus modelos de civilización ideal a la Grecia de Pericles, la Roma de los Antoninos o la Europa anterior a la Gran Guerra, además de expresar su profunda conexión con la Roma republicana y la Inglaterra del siglo XVIII. En todos estos momentos detectaba una armonía entre la fuerza física, el sentido del deber cívico y el cultivo del amor y la belleza. La barbarie, por el contrario, le parecía un estadio inferior, marcado por la precariedad, la ausencia de sutilidad emocional y la brutalidad como solución habitual a los conflictos comunitarios. Aunque reconocía que en ciertos momentos históricos la exaltación de la fuerza física tenía sentido, e incluso valor poético, no la consideró nunca como un ideal en sí misma.

Lovecraft, en sus habituales discusiones con Howard sobre la primacía de lo físico o lo mental, siempre defendió la síntesis entre cuerpo y mente como auténtico modelo civilizatorio. *Mens sana in corpore sano*. De hecho, así lo expresaba en una carta de enero de 1933, donde recordaba que griegos y romanos valoraban el cuerpo, pero insistía en que su función era instrumental y subordinada al pensamiento. El trabajo físico, el riesgo para el cuerpo, la exposición a la muerte, todas ellas eran propia de quienes no estaban capacitados para dirigir:

"Lo que dices sobre la necesidad de manos fuertes para construir civilizaciones es cierto, pero esas manos pertenecen generalmente a personalidades inferiores, cuya función no está muy lejos de la de los animales de carga".

Roma era el ejemplo perfecto de ese equilibrio. Y sobre él se había construido un modelo de orden político cuya solidez era herencia, ejemplo e inspiración casi dos milenios después. Así lo expresaba en su carta de noviembre de 1933: "Todas las naciones que provienen de Roma poseen un equilibrio y una madurez que no se encuentra en ninguna otra parte. (...) Lo que hemos heredado especialmente es sólo un lado de la cultura romana: el sentido de orden político".

Incluso reconocía, en esa misma carta, que Inglaterra, a pesar de su fuerte componente sajón, sólo puedo alcanzar ese equilibrio cuando fue "re-romanizada" a través de la conquista normanda. Francia, con vínculos más directos con la Roma histórica, sería un caso más acabado de esa herencia, frente a la Inglaterra sajona, más bárbara.

La herencia de Roma, para Lovecraft, debía seguir vigente siempre y convertirse en la piedra angular de un proyecto civilizatorio que sostuviese el progreso, el intelecto y el avance científico frente a lo que consideraba regresiones bárbaras, como el comunismo y la multiculturalidad. Roma era el modelo de civilización racional, jerárquica y estructurada que debía utilizarse como espada y escudo frente a cualquier forma de decadencia y disgregación.

Lovecraft no idealizaba la violencia. Reconocía que la guerra y los actos brutales eran inherentes a las sociedades humanas, pero insistía en que la civilización debía evitar a toda costa la degradación moral. En su pensamiento, manifestado en sus escritos, la brutalidad podía aceptarse como un mal necesario en contextos extremos, aunque no como principio rector. Escribía en agosto de 1935: "Mientras uno difícilmente podría aconsejar el abandono de una guerra en defensa de la civilización simplemente porque algunas tropas puedan cometer actos bárbaros injustificados, sería igualmente imposible imaginar que una potencia verdaderamente civilizada recomendase o tolerase esos actos salvo como males incidentales lamentables. (…) Los frutos de la civilización deben ser preservados a cualquier costo."

La irracionalidad, la ignorancia, la disolución de las instituciones clásicas y tradicionales, la mezcla de razas, la confusión entre niveles culturales. Todo ello eran amenazas contra la civilización que debían ser atajadas. Roma era el mejor espejo en el que mirarse y su herencia representaba el mejor tesoro que preservar. Así lo expresaba en la misma carta: "El mundo del hombre desarrollado debe mantenerse firme frente a cualquier asalto atávico procedente del inframundo de los subhombres. (…) Lo que Roma representa es simplemente los logros acumulados de la humanidad, los frutos de la lucha del hombre contra la ignorancia y la brutalidad".

Esta es la clave de la admiración lovecraftiana por Roma. No es algo estético, ni intelectual. Ni siquiera es una fascinación académica y elitista, tan estéril y tan cínica todavía hoy, sino una lealtad espiritual hacia el símbolo más duradero del proyecto humano. El más alto ideal de lo que el hombre podía conseguir.

Si para Lovecraft Roma representaba el pináculo de la civilización y el refugio frente al caos, para Howard encarnaba lo contrario: una estructura opresiva, una máquina burocrática impersonal que anulaba todo lo que él valoraba de la experiencia humana. Como hemos descrito anteriormente, su rechazo era íntimo, visceral y transpersonal. Hay un detalle especialmente revelador, que reconocería en una carta de febrero de 1931. Había aprendido de memoria los versos de *Lays of Ancient Rome*, de Thomas B. Macaulay, pero los recitaba cambiando los nombres romanos por celtas y trasladando la acción de Italia a las islas británicas.

En esa misma carta, Howard da una de sus descripciones más vívidas sobre la civilización romana: "Siempre que he soñado con Roma, o pensado en el Imperio de forma subconsciente, me ha parecido un símbolo de esclavitud: una araña de hierro, tejiendo telarañas de acero por todo el mundo para ahogar los ríos con presas, talar los bosques, estrangular las llanuras con caminos blancos y empujar a los pueblos libres hacia casas y ciudades que parecen jaulas".

La imagen remite inevitablemente a la célebre frase del *Agrícola* de Tácito, puesta en boca del jefe caledonio Calgaco: "Donde hacen un desierto, lo llaman paz". Aunque escrita por un romano y probablemente compuesta por el propio historiador, la crítica al expansionismo que encierra refleja una percepción del poder imperial que Howard suscribiría. El Imperio, incluso bajo su forma más refinada, no era para él más que una sofisticación del sometimiento.

Howard rechazaba incluso el estudio de Roma. No por ignorancia o por pose, sino por lo que podría describirse como profunda incompatibilidad emocional. En una carta de agosto de 1931, reconocía que, aunque era capaz de apreciar el interés intelectual que Lovecraft ponía en el mundo clásico, él no podía conectar con ese universo. Su interés se limitaba a los primeros tiempos de la república, cuando aún era un pueblo en armas, más cercano a una de las tribus que tanto le fascinaban, pero ese interés se desvanecía en cuanto la sociedad alcanzaba formas complejas y organizadas. Así lo expresaba: "He intentado estudiar la historia griega y romana, pero me ha resultado aburrida y hasta cierto punto inexplicable. No puedo entender su punto de vista. Los aqueos de la Edad Heroica me interesan, y en menor medida los romanos de la primera república, cuando aún eran un estado tribal en lucha. Pero ese interés pronto desaparece. [...] Me ocurre con casi cualquier pueblo: mientras están emergiendo de la barbarie, o aún no han salido de ella, me resultan interesantes. Puedo entenderlos, escribir sobre ellos. Pero en cuanto progresan hacia la civilización, pierdo toda conexión. Sus formas de vida, sus ambiciones, sus pensamientos, me resultan completamente ajenos."

Más que un juicio historiográfico, Howard demuestra aquí una sensibilidad que veremos a lo largo de todo su progreso como escritor y de su relación con la frontera como auténtico imaginario simbólico de los Estados Unidos. Howard ama las sociedades en lucha, los pueblos libres en el umbral de lo salvaje que deben abrirse camino en la historia. Roma, en su imagen mental, en su imaginación profunda, representa lo contrario: una civilización que ha pasado del esfuerzo vital a la domesticación de los instintos. Un pueblo que ha sustituido el riesgo por la administración y la poesía por los reglamentos y la burocracia. Es una opinión que mantiene con todos los Imperios. En esa misma carta del 32 dice que le entusiasma leer sobre las conquistas mongolas, pero dejan de interesarle cuando adoptan el modo de vida de los pueblos sometidos. Howard veía en la sedentarización un declive que hacía perder el impulso originario de los pueblos.

No sólo consideraba Roma una fuerza esclavizante. También sospechaba de la limpieza moral de su relato histórico y de su buena prensa entre los intelectuales. En julio de 1934, respondía a Lovecraft con una comparación violenta entre la brutalidad bárbara y la violencia institucionalizada de las civilizaciones modernas, usando la analogía para demostrar que Roma no había sido en absoluto más civilizada que los pueblos que derrotó. Así lo expresaba: "Uno duda que el *águila sangrienta* danesa fuera más ingeniosa que la "silla de luz" de la policía moderna. Atas a la víctima a esa silla, con la cabeza inclinada hacia arriba y sujeta de modo que no pueda moverla. Luego bajas una luz eléctrica muy potente hasta dejarla a poco más de una pulgada de sus ojos… y lo dejas ahí. Unas pocas horas de eso y termina convertido en un maníaco furioso, destinado a pasar el resto de su vida en una celda acolchada. Tampoco parece ningún paseo estar inmovilizado durante cincuenta o sesenta horas seguidas en una camisa de fuerza de una prisión moderna, o ser sometido a la cruz de agua, que revienta el revestimiento de las entrañas de un hombre. ¿Cómo sabes que los romanos no usaron el *águila sangrienta*? Ellos escribieron su propia historia y omitieron lo que les convenía. En cualquier caso, tenían la crucifixión, los hierros al rojo vivo y otros métodos de persuasión, y sus descendientes, tus amigos fascistas, no carecen de una ingeniosidad similar –su famoso "cascanueces", por ejemplo, que aplasta los testículos de la víctima hasta convertirlos en una pulpa morada. Leí con interés tus rapsodias sobre los romanos, y me desconcierta, como me ha desconcertado en otras ocasiones, cómo puedes idealizar a un pueblo de una época pasada con tanta intensidad y al mismo tiempo atacarme con tanta amargura por mi interés en otro."

Su oposición a la violencia o a la tortura no tenía un carácter moralista. Howard comprendía bien el papel que la violencia había tenido en la historia y no le escandalizaba su uso. Pero sí le repugnaba el refinamiento burocrático de la crueldad, igual que a su gran héroe literario, Jack London. Si, para Lovecraft, Roma había construido los cimientos del progreso y la transmisión cultural de la razón, para Howard, el Imperio no era más que otro instrumento destinado a acabar con la libertad de los hombres. Un ejemplo, sí, pero no de grandeza, sino de subordinación a la impersonalidad y la técnica.

Esa estructura, según Howard, seguía viva en el presente bajo nuevas formas: el Estado moderno, la burocracia, el progreso industrial, incluso el urbanismo. Roma seguía detrás de cada autopista, cada regulación contraria a portar armas, cada orden federal para regular la manera en la que los ganaderos cuidaban de sus rebaños. El espíritu del Imperio no había caído. Simplemente se había transformado. Y contra él, seguía siendo necesaria la figura del bárbaro, no como destructor sin sentido, ni como agente del caos, sino como ejemplo de un modo de vida, con sus sombras y sus luces, pero portador de una dignidad mayor que la del frío, obediente y mecánico ciudadano moderno.

Su hostilidad hacia Roma encontró, como es natural, una manifestación clara en su narrativa, especialmente en algunos relatos protagonizados por Bran Mak Morn, el último rey de los pictos. En *Reyes de la noche*, la oposición al Imperio se articula principalmente en términos militares, y aunque hay menciones a Roma como poder civilizador antagónico, el relato no desarrolla una caracterización ideológica profunda, ni llega a vincular al Imperio con la maquinaria impersonal de domesticación que Howard describía en sus cartas. Es en *Gusanos de la tierra* donde esta dimensión adquiere toda su fuerza simbólica.

En el relato, Bran lidera la resistencia contra la dominación romana en Britania. Tras la crucifixión brutal de un miembro de su tribu por orden del gobernador Titus Sulla, jura venganza. Pero consciente de que no puede vencer a Roma con las armas de su pueblo, recurre a los "gusanos de la tierra" seres subterráneos ancestrales, deformes y llenos de odio hacia la humanidad, que los desterró siglos atrás. Con la ayuda de la misteriosa Atla y tras recuperar la Piedra Negra, Bran sella un pacto con esas criaturas. Su venganza se cumple, pero a un precio: el horror desatado no es ajeno a su conciencia y el relato termina con cierta ambigüedad moral. Cuando Bran se da cuenta del horror que ha desatado y maldice a las criaturas, Atla le grita: "¡Rey de los pictos! ¡Rey de los locos! ¿Te estremeces por una cosa tan nimia? ¡Quédate y déjame mostrarte los verdaderos frutos de las ciénagas! ¡Ja! ¡Ja! ¡Ja! ¡Huye, estúpido, huye! Pero estás manchado por la corrupción… ¡Les has invocado y ellos lo recordarán! ¡Y en su momento volverán a ti de nuevo!"

La primera frase del relato ya establece el tono y la postura ideológica de Howard frente a Roma: "¡Golpead los clavos, soldados, y permitamos que nuestro invitado vea la realidad de nuestra buena justicia romana!", exclama Sulla. Howard lo presenta con claridad: "La materialización del poder teñía cada uno de sus movimientos." La crucifixión no es sólo un castigo, sino un espectáculo de disuasión que se ofrece a un emisario britano, para que lleve un mensaje de sometimiento a su pueblo. El diálogo entre ambos sintetiza perfectamente la concepción howardiana del Imperio: "Justicia para todos bajo el gobierno de Roma –dijo Sulla–. ¡Pax Romana! ¡Recompensa para la virtud, castigo para el delito!" –Y se rió para sus adentros ante su propia hipocresía, antes de continuar–. "Mira, emisario de los pictos, cómo Roma castiga con rapidez a los transgresores."

Howard describe el proceso de crucifixión con crudeza deliberada, acentuando la violencia institucional y el sufrimiento prolongado, con el cuerpo del condenado durante días antes de morir. El relato es también del máximo interés, porque refuerza un punto clave que Howard subrayó en su correspondencia: su admiración por los bárbaros no implicaba una idealización ingenua. Lovecraft le achacó en varias ocasiones una visión rousseauniana de los pueblos libres, pero Howard siempre dejó claro que no los consideraba sociedades utópicas. Los bárbaros eran desde luego violentos y supersticiosos, pero no pretendían ser otra cosa. No envolvían su crueldad y costumbres en discursos sobre justicia y progreso. Por eso los prefería. Bran lo expresa con una lucidez y una belleza que son testigo de la mejor prosa de Howard:

"¡No hay armas que no usaría contra Roma! (…). Soy un rey bárbaro con una capa de piel de lobo y una corona de hierro, luchando con mi puñado de arcos y lanzas rotas contra la reina del mundo. ¿Qué tengo? ¡Las colinas del brezal, cabañas de zarza, las lanzas de mis desgreñados compatriotas! Y combato a Roma… con sus legiones acorazadas, sus amplias y fértiles llanuras y ricos mares… sus montañas y sus ríos y sus resplandecientes ciudades… su riqueza, su acero, su oro, su maestría y su ira. Lucho contra ella con acero y fuego…y con la sutileza y la traición…con la espina en el pie, la víbora en el sendero, el veneno en la copa, la daga en la oscuridad… ¡sí (…) y con los gusanos de la tierra!"

La lucha no es, para Howard, entre el bien y el mal, sino entre libertad y sometimiento. Bran no representa una moral superior, sino una digna negativa a aceptar un orden extranjero como orden legítimo.

A pesar de sus diferencias irreconciliables en torno a Roma, como símbolo, sistema y legado, tanto Howard como Lovecraft compartían una misma inquietud de fondo: la percepción de que su propio tiempo asistía a una fase de decadencia casi irreversible. La figura del Imperio les servía a ambos como punto de comparación para diagnosticar un presente que sentían roto. Esta preocupación encontraba un punto de anclaje en una cuestión particular: la identidad. En las cartas de ambos, el miedo a la disolución de su cultura, su raza y la cosmovisión propia de sus lugares de origen aparece con insistencia, aunque las respuestas que propusieron fuesen opuestas. Lo que para Lovecraft es la pérdida de coherencia racial y cultural de una élite fundacional, para Howard es la extinción de la vitalidad y el dinamismo de razas aventureras, sustituidas o mezcladas con razas envejecidas y decadentes.

Lovecraft formuló esa inquietud en varios niveles. Por un lado, mostraba un rechazo explícito hacia lo que consideraba la progresiva "bastardización" del Imperio, es decir, su disolución racial a través de la inmigración, la colonización y la pérdida de una aristocracia étnica. Así lo escribía en enero de 1931: "Pese a mi preferencia intelectual y estética por ellos, me descubro despreciando a los griegos como afeminados (…) y deplorando la entrada de sangre bárbara, especialmente oriental (…) en las venas romanas".

En su lectura, la decadencia del Imperio no era sólo política o militar, sino fisiológica. Un proceso de sustitución interior que afectaba tanto al cuerpo social como a sus valores. En julio de 1932 lo ejemplificaba señalando que los retratos realistas de la élite romana de los siglos II-III d.C ya mostraban un tipo humano profundamente alterado respecto a los tiempos republicanos y del apogeo imperial. Ese diagnóstico se proyectaba también sobre su percepción de la América contemporánea.

Ya en una de sus primeras cartas con Howard, en octubre de 1930, hablaba de "sobrecogedor desastre" para calificar la llegada de extranjeros a Estados Unidos. Lovecraft veía en la inmigración, especialmente en la procedente del sur de Europa, un fenómeno que rompía con lo que consideraba la base espiritual y tradicional de la civilización americana. Así lo expresaba: "La esencia misma de una civilización real es la permanencia generacional sobre un mismo suelo, de modo que la raza se amolde al paisaje y crezca un cuerpo estable de costumbres y tradiciones. Eso se había empezado a construir en América y fue interrumpido por la irrupción extranjera".

Howard compartía esa visión de agotamiento histórico y recogía la comparativa entre Roma y la América en la que ambos vivían. Así consta en su carta de diciembre de 1930: "Cuando los bárbaros finalmente irrumpieron en el Imperio, encontraron un armazón torpe y desarticulado, sin identidad ni cohesión, listo para derrumbarse con el primer empujón vigoroso. [...] Pero ahora, ¿dónde, en todo el mundo, hay una raza no corrompida, resistente, de sangre limpia, capaz de tomar las riendas cuando las viejas razas decaen? Ese gran reservorio de razas fuertes y frescas se ha agotado."

Su preocupación por la raza y la mezcla cultural tampoco puede entenderse como una llamada al genocidio o la pureza estricta. El propio Lovecraft, en 1932, alababa la capacidad de asimilación cultural de la que Roma había hecho gala en sus primeros tiempos de expansión y conquista: "Los galorromanos, una generación después de César, ya pensaban como romanos. Se inscribían en gens romanas, recibían nombres latinos y se sentían herederos de César más que descendientes de Vercingétorix. (...) En sangre eran galos, pero mentalmente –pese a los impulsos no italianos que su constitución biológica pudiera contener– eran romanos."

Roma fue, para Lovecraft y Howard, una figura total. El espejo de sus convicciones más profundas. Símbolo de continuidad para uno y de opresión para el otro. El Imperio representó un punto de partida y un marco a través del cual ambos podían pensar el destino de su tiempo. En su correspondencia, como hemos visto, Roma sirve tanto para diagnosticar la decadencia como para expresar una angustia compartida: la percepción de que el mundo moderno, como el Imperio, se deslizaba hacia un agotamiento al que ninguno de los dos quería asistir pasivamente.

Esa decadencia, para ambos, tenía siempre un rostro: el de la disolución de una identidad heredada basada en la racionalización, el orden y el linaje para Lovecraft; el de la pérdida de vigor, dinamismo, aventura y enfrentamiento contra lo desconocido para Howard. La cuestión de "quiénes somos" y qué podemos conservar o recuperar, atraviesa sus visiones del pasado y enmarca sus lecturas y propuestas para el presente.

Y es aquí donde Howard se singulariza como autor. Si Roma funcionaba como símbolo ejemplar de la decadencia, la frontera americana emerge en su obra y pensamiento como reserva moral y espacio de posibilidad. En el paisaje de Texas, y de todo el Oeste americano, Howard encontrará una inspiración que va mucho más allá de los relatos heredados por su historia familiar. La frontera se convertirá en un modelo vital y ético. Un lugar donde la libertad, amenazada por la disolución de la identidad común, por la técnica impersonal, la burocracia y el imperio del dinero, puede ser defendida y preservada. Un espacio único, heredero de la ética romántica de las grandes gestas, donde el hombre puede alcanzar la grandeza de alma mediante el esfuerzo. La frontera es el alma de Howard como hombre y como autor.

Robert E. Howard es inexplicable sin su Texas natal. El lugar donde nació y vivió hasta convertirse en quien estaba llamado a ser. Para su biógrafo Mark Finn, sólo puede explicarse la obra de Howard entendiendo su relación con la historia del estado de la estrella solitaria, lo que implica conocer la historia de su familia y la transformación radical que vivió su tierra. Dice Finn en el primer capítulo de su biografía:

"Las raíces de esos lugares fantásticos [los creados por Howard] tan absorbentes como la Atlántida de Kull y tan detallada como la Era Hiboria de Conan para los lectores modernos, comienzan en Texas. Howard ficcionó su estado natal, se inspiró en su historia y geografía, para luego reconfigurar los acontecimientos y los lugares con un ojo magistral para la acción, la aventura y el suspense. Era, ante todo, texano (…). La historia de Robert E. Howard es la historia de la Texas del siglo XX".

Las raíces de su identidad texana fueron, sobre todo, familiares. Howard pasó su vida, y muy especialmente la niñez, unido a su madre, que le narraba historias de sus antepasados desde que sus tatarabuelos, al menos por parte materna, llegaran de Irlanda. Como describe Finn, el autor consignó en diferentes redacciones y cartas buena parte de la información que le habían transmitido sus padres, aunque esta fuera inexacta. Estudiosos, como el propio Finn, se han encargado de hacer una revisión crítica de los testimonios de Howard en base a las fuentes y archivos disponibles.

Igual que Finn afirma que la historia de Howard es la de Texas en el siglo XX, podemos afirmar que la historia de su familia es la del sur en el siglo XIX.

El padre de Howard había nacido en Arkansas. Sus abuelos lo habían hecho en Tennesse, Georgia, Alabama y Carolina del Sur. Tenía primos por todos los estados sureños. Su abuela paterna era hija de propietarios de una plantación y su abuelo paterno, contratado inicialmente como administrador de ésta, había luchado bajo la bandera de la confederación, durante la guerra civil, con rango de coronel. Tras la derrota, había trabajado como granjero en Texas y Misuri. Howard llegó a afirmar incluso que algunos de sus tíos abuelos habían marchado a California durante la fiebre del oro.

Crecer bajo el influjo de esa historia familiar llevó a Howard a sentir como propio el legado de una forma de entender la vida: la supervivencia en los límites de un imperio en expansión. Aquellos relatos lo moldearon en una identidad sureña, específicamente texana, que él llamaba la forma de vida del suroeste y que, en términos más amplios, podía definirse como el estilo de la frontera.

Así describía a Lovecraft, en diciembre de 1935, esta influencia decisiva de su entorno:

"No veo de qué manera puedes esperar que un hombre nacido en las inmensas praderas del Oeste y criado en ranchos, granjas, ciudades fronterizas y explotaciones petrolíferas tenga precisamente las mismas creencias, las mismas opiniones y las mismas tradiciones y las mismas costumbres que un hombre nacido en una ciudad de la costa este."

En esos ranchos, granjas y ciudades de la Texas de principios de siglo, su familia y sus vecinos dejaron caer sobre él toda una tradición de historias del suroeste que moldearían su identidad y su mismísima forma de narrar. Mark Finn no duda en señalar los relatos orales como una de las principales influencias literarias del autor. Aunque conocía bien los clásicos americanos del XIX, especialmente a Twain y London, que también lo influyeron de manera decisiva, las historias de la frontera constituyeron probablemente su mayor inspiración.

Así lo describe Finn:

"Absorbió de tal modo los cuentos y la historia oral que se convirtieron en una importante influencia para su escritura. Se puede ver su pasión por las patrañas y las narraciones orales en el predominio de los personajes, situaciones y ambientes típicos de la Texas rural, en la increíble cantidad de ficción humorística que escribió, siempre en la línea del narrador no fiable (…) Se involucraba en la historia de la misma manera que un gran embustero creía con sinceridad en la patraña que estaba tejiendo. Para los narradores orales, esa es la marca de un maestro".

Aunque llegó a cartearse con grandes folcloristas de su época, como Robert W. Gordon, Howard no se dedicó a recoger y difundir de manera sistemática lo ya existente, sino a reelaborarlo y adaptar el espíritu de esos relatos, incorporando el folclore de la frontera a formas y géneros nuevos que nacían al calor del siglo XX. Howard disfrutaba con esa manera de trabajar y así lo admitió en algunos de sus relatos, como en *Los hijos de la noche*, cuando Taverel examina las estanterías de una biblioteca:

"La ficción Weird parece competir con trabajos sobre brujería, vudú y magia negra. Es cierto: los historiadores y las crónicas son a menudo aburridos; los forjadores de historias, nunca…Los maestros quiero decir. Un sacrificio vudú puede ser descrito de manera tan aburrida como para expulsar a la fantasía de él, y dejarlo en un asesinato sórdido."

Él fue, desde luego, uno de esos maestros. Su amor profundo por la oralidad y la narrativa hablada, que con el tiempo acabaría impregnando toda su obra, se manifiesta claramente en su forma de escribir, buscando el ritmo y una sonoridad que daban vida a sus historias, como si las estuviera contando ante el fuego bajo un cielo estrellado.

En su correspondencia con Lovecraft nunca pierde la oportunidad de hablar largo y tendido sobre el folclore y las canciones populares del suroeste. En una de sus primeras cartas, en diciembre de 1930, describía la herencia irlandesa en algunas canciones populares de Arkansas. No sólo las mencionaba, sino que enviaba fragmentos a Lovecraft con varios versos que iluminasen sus teorías. Las canciones siempre eran una buena excusa para que Howard se extendiera en largas narraciones que había aprendido durante su vida en el suroeste.

Escribe a Lovecraft en agosto de 1931:

"Estas canciones fueron la consecuencia natural del país y de su gente, y reflejan el espíritu de esta gente de manera más precisa que el trabajo de poetas educados y escritores. Algunas de ellas fueron baladas escocesas e irlandesas retorcidas y cambiadas para adaptarse a los tiempos, al contexto y los oyentes. Otras crecieron como hierba de mezquite, desde el suelo y sus colonos. Hablan de la violencia, la mala fortuna y la perdición, ya que los hombres de frontera las encontraron más a menudo que a la alegría y el buen humor."

Y en octubre de ese mismo año:

"El folclore del oeste y las tradiciones están tan impregnadas de salvajismo, sufrimiento y conflictos, que incluso el humor del oeste es sombrío y, para el forastero, a menudo grotesco. De las canciones cantadas en la frontera oeste, la mayoría de ellas, especialmente las canciones de vaqueros, se originaron en Texas, ya que fue la primera región anglo-americana que realmente mereció el apelativo de "Oeste" en su sentido estricto. Las canciones de Texas subieron por el Chisolm con las manadas de vacas y se extendieron por todo el oeste, cambiando en otros estados para corresponder a la localidad en la que eran cantadas. Otras canciones –de cazadores y ribereños– llegaron desde el medio-oeste. Algunas se originaron en América, la mayoría eran baladas británicas cambiadas por ignorancia o intención, tomados de allá, con añadidos de allí, para adaptarse a las necesidades del narrador."

Howard sintió que el folclore y las canciones del suroeste eran un legado único de las gentes que habían forjado la historia de la frontera. Gente como sus antepasados. Estas canciones, relatos y narraciones eran el alma literaria de su tierra y la expresión de carácter de los hombres que dieron vida a esa tierra. Howard se consideró uno más de ellos. Un legítimo continuador de la tradición de contadores de historias que, al trueno de la historia en marcha, supo adaptarla a las circunstancias de su vida, con formatos, lugares y personajes nuevos.

El folclore y la historia de Texas no fueron la única pasión del joven Robert. En sus cartas con Lovecraft describía con minuciosidad el territorio que lo rodeaba, intentando mostrarle la tierra en la que vivía y sobre la que, de forma consciente o no, escribía en sus relatos. En cada viaje por Texas era capaz de trazar el paisaje físico y, al mismo tiempo, analizar su historia social: hablaba de granjas y ranchos, daba datos sobre la cosecha del trigo, el número de tiendas o explotaciones petrolíferas, e incluso sobre la gente que habitaba en ellas. Esa mirada, casi de sociólogo apasionado, le servía siempre para evocar el pasado de Texas, sus leyendas y los hombres que las protagonizaron.

Los ejemplos son numerosos, pero esta carta del 10 de agosto de 1931 es quizás la más representativa:

"Más tarde, fui a Fort Worth, la meca de todos los texanos del oeste, y retorné a la tierra de mi nacimiento, por primera vez desde mi infancia temprana. El país parecía haber cambiado poco, excepto porque está ligeramente menos habitado que entonces, ya que pasó por una época de agricultura extensiva que acabó siendo más o menos un fracaso. (…) La ola del progreso parece haber llegado escasamente a Peaster, el pequeño pueblo en el que nací –como entonces, las pocas tiendas son regentadas por viejos rancheros, muy viejos para cabalgar o usar el lazo– altos, viejos encorvados con blancos bigotes y penetrantes ojos azules que se sientan y sueñan con los viejos tiempos.

Un estudiante de la historia temprana de Texas se sorprende al saber que algunas de las batallas más salvajes con los indios se lucharon en el territorio entre los ríos Brazos y Trinidad. Un vistazo al territorio nos hace entender por qué. Tras abandonar el denso litoral del este de Texas, los arrolladores pioneros que iban hacia el oeste llevaron a los pieles rojas con relativa facilidad a través de la extensión ondulada y desarbolada que ahora llamamos la pradera de Fort Worth. Pero más allá del río Trinidad, se encontraba otro tipo de paisaje –colinas desnudas y escarpadas, valles densamente arbolados, suelo rocoso que producía escasas cosechas y estaba escasamente regado. Aquí, los indios se volvieron ferozmente a sus espaldas y entre aquellas salvajes colinas desnudas se libraron muchas guerras desesperadas hasta un rojo final. Se tardó casi cuarenta años en conquistar este territorio, que a finales de los años setenta fue escenario de rápidas y sangrientas incursiones y saqueos: los comanches, que abandonaban su reserva sobre el río Rojo y cabalgaban como desalmados, atacaban las colinas de madera maciza en apenas veinticuatro horas. (…)

En esta tierra disputada nací y pasé la mayor parte de mi niñez. No es de extrañar que estas viejas historias me parezcan tan reales, cuando cada colina, bosque y valle estaba embrujado con tradiciones tan salvajes. El propio condado donde nací –Parker– recibe su nombre del viejo Coronel Parker, que pasó años recorriendo sus colinas y valles en busca de la hija que los Comanches le habían robado en una de sus incursiones, Cynthia Ann Parker. Cuántas largas y peligrosas noches pasó solo en las tierras salvajes, cazando a sus enemigos, espiando sus campamentos, siguiendo a sus partidas de caza y sus partidas de guerra, esperando, anhelando alguna señal para mostrar a la niña que seguía viva; no se le concedió, aunque estoy seguro –y espero– que muchos valientes pintados recorrieran el sendero hacia el País de los Fantasmas para pagar esa deuda. La historia de Cynthia Ann Parker encierra una dolorosa tristeza, un terrible patetismo que se apodera de un hombre. Empujada entre hombres blancos e indios, conducida a lo largo de un camino negro de odio y rojo de sangre, hasta el día de hoy el recuerdo de Cynthia Ann Parker persiste y atormenta, como un lastimero fantasma que llora en la noche."

Este soberbio fragmento, cargado del estilo que Howard utilizó en sus cuentos, representa como pocos su relación con Texas. Su estilo es eminentemente oral. Comenzando con un diagnóstico frío, sociológico, el tono de Robert se va adueñando de la historia para culminar en un relato personal que, incluso en su brevedad, goza de todas las grandezas de los relatos de frontera: aventura, guerra, pérdida, batallas, nostalgia y terror. El territorio y sus habitantes sólo eran comprensibles para él como unidad con su historia y con los mitos que de ellos emanaban. Texas era su tierra, pero también su gente, la viva y la muerta. Sobre todo, Texas eran las historias de sus héroes, como la del coronel Parker, que podría ser uno más de los personajes howardianos.

VI. Borderlands

El hombre de la frontera es el arquetipo heroico subya-
cente en la obra de Howard. A pesar de la popularidad de
sus guerreros en la narrativa, no debe confundirse al héroe
howardiano con un paladín armado de una gran espada.
Howard admiraba a figuras como el coronel Parker porque,
para él, el héroe era ante todo quien triunfa en medio de la
adversidad y en territorios hostiles. La frontera, con su
dureza y desafíos constantes, encarnaba a la perfección esas
circunstancias. Era la vida que su propia familia había
experimentado y cuya memoria él veneraba. Para Howard,
la frontera era el gran escenario de lo heroico, el lugar
donde sus personajes aprendían a sobrevivir.

Antes de profundizar en esa cuestión, merece la pena
analizar el concepto de frontera en la historia americana.
Durante las décadas previas a la escritura de Howard, y
durante su propia vida, la frontera ya se había convertido
en un pilar fundamental del debate sobre la identidad
nacional estadounidense.

En 1893, en el marco de la Feria Anual de Chicago –o
Exposición Mundial Colombina– el historiador Frederick
Jackson Turner presentó, durante una reunión de la *American Historial Association*, un ensayo titulado *El significa-
do de la frontera en la historia de los Estados Unidos*. Su

argumento principal, que sería conocido a partir de entonces como *Tesis de la frontera*, defendía que el Oeste había sido un elemento básico en la modelación de la historia y la identidad estadounidenses.

Según Turner, la frontera era una línea imaginaria que separaba la civilización del territorio inexplorado. A medida que el país se extendía hacia el Pacífico, siguiendo los pasos de los colonizadores y aventureros que decidían buscar una vida mejor en ese territorio inhóspito, las ideas del propio país evolucionaron. El proceso de expansión hacia el Oeste reforzaría la idea de emprendimiento como esfuerzo individual por alcanzar la independencia. Sobrevivir mediante la innovación. Las necesidades de las nuevas comunidades que debían perpetuarse en un ambiente hostil terminarían por fomentar una sociedad más horizontal, igualitaria y democrática.

El final de la conquista del Oeste fomentó la reflexión de Turner. Como Howard años después, temía que el fin de este proceso cambiara el espíritu del país e hiciera decaer los valores que con tanto esfuerzo y vidas perdidas habían prevalecido.

Turner pronunció su conferencia en 1893 y siguió moldeando su tesis hasta que alcanzó forma definitiva en su libro de 1920, *La frontera en la historia americana*. Al año siguiente, en 1921, saldría a la luz una obra muy crítica con el concepto turneriano de la historia americana. En *The*

Spanish Borderlands: a Chronicle of Old Florida and the Southwest, Herbet E. Bolton sostuvo que la historia de los Estados Unidos no podía comprenderse sobre la idea de una expansión fronteriza frente a lo desconocido, sino como un conjunto recíproco de influencias entre las regiones coloniales españolas, que luego se convirtieron en México, Texas y, finalmente, los Estados Unidos.

Para profundizar en este concepto, desarrolló la idea de *borderlands*. Es decir, aldeas, pueblos o lugares en los que gentes de distinto origen llevaban a cabo relaciones económicas y mezcla cultural. Bolton fue uno de los primeros hispanistas americanos. Desde su enfoque crítico, propugnó una mirada más amplia a la historia de los Estados Unidos, dejando a un lado la idea de la frontera como un lugar exclusivo de enfrentamiento y entendiendo el desarrollo nacional como fruto de un intercambio, a veces violento, sin duda, pero también pacífico y mestizo.

La disputa entre Turner y Bolton no es sólo de carácter histórico, sino que refleja una profunda tensión –todavía no resuelta– sobre quién es y qué hace un americano. Para Turner, la frontera es el lugar de desarrollo individual del viejo país, mientras que para Bolton fue un lugar de múltiples influencias culturales que llevaron a configurar el Oeste americano como un país nuevo. El debate se produjo en vida del propio Howard y, aunque no hace mención explícita a los dos académicos, esa tensión está también presente en su obra. La visión de la frontera en Howard dialoga con ambas interpretaciones y logra integrarlas; pero, para entenderlo, conviene analizar cómo la cuestión racial en Estados Unidos impregnó su obra y a quiénes reconocía él como auténticos americanos.

VII. Who are We?

La pregunta que da nombre a este capítulo es la misma que utilizó Samuel P. Huntington, uno de los politólogos más importantes de su generación, para titular su ensayo de 2004: *The Challenges of America's National Identity*, en el que analizaba cómo se había conformado históricamente la identidad americana y de qué manera estaba amenazada. Para Huntington, la cultura anglosajona y protestante era la hegemónica en el país, la que había dotado a la nación de una base cultural sólida y sobre la que se habían construido sus instituciones. La inmigración masiva desde México, que puede verse como una dinámica del *borderland* de Bolton, es descrita como una amenaza fundamental para la unidad del país y su identidad cultural. Los retos de la inmigración, la legalización masiva de sin papeles o la protección de las fronteras son, qué duda cabe, uno de los elementos esenciales de la polarización política americana, aún a día de hoy.

Howard también se preguntó: "¿quiénes somos?" "¿quién ha construido la frontera?". Las respuestas a estas preguntas emergen de sus cartas y relatos, donde explora el nacimiento de Texas y su expansión hacia el Oeste, examina la llegada de inmigrantes a la región y reivindica su identidad irlandesa. Sus reflexiones nos proporcionan claves esenciales para entender cómo Howard percibió la frontera y, por lo tanto, su visión de la identidad americana.

En una carta de julio de 1935, analiza el nacimiento de Texas como Estado independiente. En ella deja numerosas pistas de interés sobre el papel de los colonos en sus negociaciones con México y en sus relaciones tanto con la población latina local como con los indios.

"Cualquiera que fuera el plan o el complot de los estadistas de Estados Unidos, el caso de los colonos texanos es claro, evidente y no admite discusión. Llegaron a Texas invitados por el gobierno mexicano, que deseaba los ingresos que se derivarían del desarrollo de los recursos del territorio –desarrollo que nunca lograron los colonos mexicanos de la región– y el gobierno mexicano también deseaba un fuerte tapón entre los asentamientos puramente mexicanos y los comanches. La incapacidad tanto de los españoles como de los mexicanos para oponerse con éxito a las tribus indias del norte nunca ha recibido el reconocimiento que merece como factor en el desarrollo del suroeste. Primero los lipanes y los apaches, y después los kiowas y los comanches, destruyeron repetidamente los puestos avanzados de la civilización latinoamericana e hicieron retroceder la marea de asentamientos. El desprecio de los comanches hacia los españoles y los mexicanos estaba justificado. El guerrero comanche medio era más valiente, más fuerte físicamente, más honorable, más rápido y más inteligente que el peón mexicano medio. He oído referirse a los mexicanos como salvajes; ni siquiera son eso; son producto de dos civilizaciones decadentes y podridas: la degeneración azteca y la degeneración española. Los blancos llegaron a Texas, en su mayoría procedentes del Viejo Sur y de Nueva Inglaterra. Formaron una muralla contra los salvajes del norte, desde el río Sabine hasta San Antonio; una muralla que nunca se rompió. Desarrollaron las potencialidades agrícolas de la región; cumplieron con todos los requisitos exigidos por el gobierno mexicano. Lo único que pidieron fue que ese gobierno cumpliera con sus propias obligaciones."

Unos años antes, en agosto de 1932, había dejado un bellísimo párrafo sobre la formación de la frontera, que transitaba por las mismas ideas:

"No verás el verdadero oeste hasta que cruces Callahan Divide. Allí donde las crestas de Post Oak caen hacia las altiplanicies del oeste y el sur, comienza el Oeste. De pie en las tierras altas, miro hacia el oeste y me parece ver todo el panorama de montañas, cayos, picos, ríos, llanuras polvorientas, desiertos cubiertos de cactus y altas mesetas que se extienden desde mis pies hasta los espumosos saltos del Pacífico. Y cierro los ojos y me parece vislumbrar una vasta y tenue caravana que avanza sin cesar a través de esas inmensas extensiones, un río inquieto de cambiantes destellos de luz y colores a cuadros, que surge, se arremolina, se agita en los lugares baldíos, pero que avanza, incansable e irresistible. ¿Qué hombre puede distinguir los distintos elementos en semejante inundación? El individuo se mezcla con las masas líquidas y se pierde; en ninguna parte está el individuo más fuertemente marcado, más claro; pioneros y cazadores de búfalos, mineros y soldados, mujeres quemadas por el sol con trajes caseros, temerarias bailarinas, pistoleros, jugadores, vaqueros, forajidos, españoles, sajones e indios, mezclados en un caótico torrente que vaga ciegamente hacia el mar."

Y en 1931, había alabado el papel de los indios en sus guerras contra los Estados Unidos:

"[Hablando de la batalla de Little Big Horn] Fue una espléndida constelación de jefes de guerra los que se enfrentaron a los casacas azules. Gall, Caballo Loco, Lluvia en la Cara y otros igualmente famosos. Supongo que habría que reconocer a Toro Sentado, aunque, como la mayoría de políticos y sacerdotes, estaba haciendo 'medicina' en un cañón, algunas millas alejado de donde estaba ocurriendo la batalla real. Lluvia en la Cara es mi favorito del grupo. No tengo nada contra Tom Custer, cuya carrera acabó de manera tan sangrienta, pero admiro las agallas en cualquier hombre y Lluvia tuvo las suficientes como para un regimiento".

Algunos estudios académicos, como el sugerente *Robert E. Howard, the American Frontier and Borderlands in the*

Stories of Conan the Barbarian, de Jared Van Duinen, han indagado en la influencia que esta concepción multinivel de la frontera tuvo en los propios relatos del texano. Van Duinen identifica *La Era Hiboria*, el ensayo histórico que Howard escribió para ambientar las historias de Conan, como una muestra esencial del concepto de *borderlands*. Situada en un tiempo mítico, entre la prehistoria y las civilizaciones conocidas, la Era Hiboria es un mundo donde diferentes culturas y razas coexisten, compiten, luchan y se mezclan. Las fronteras entre reinos no son sólo espacios de conflicto, sino de intercambio y fusión, como ejemplifica el reino de Zingara, descrito por Howard como fruto de un mestizaje de pueblos. Van Duinen reconoce que, aunque la violencia es el medio preferido para resolver conflictos en este mundo, también hay espacio para la interacción pacífica. Conan no es un simple agente de la civilización que se expande desde la barbarie. Al contrario, es un producto de la hibridación y la ambigüedad de la frontera, capaz de moverse entre civilizados y salvajes, adaptando su rol según las circunstancias. Capaz de ser mercenario, pirata, ladrón o rey.

Varios relatos de Conan ilustran las ideas de Van Duinen sobre las *borderlands* y la naturaleza ambigua de la frontera. *The Black Stranger* es probablemente el mejor ejemplo. Conan, en plena huida de las salvajes tribus pictas, encuentra el tesoro del pirata Tranicos. Cuando intenta apoderarse de él, se ve obligado a escapar, perseguido esta vez por un demonio en forma de niebla. En paralelo, Howard relata la historia del conde Valenso Korzeta, un noble zingario que huye a la jungla remota, oculto y protegido en un fuerte, después de verse obligado a marchar de su tierra natal. En su busca llegan dos hombres peligrosos: Zarono el negro, un conde zingario, y el bucanero barrachano Strombanni. Ambos piensan que Valenso ha encontrado el tesoro de Tranicos y lo oculta en su fortaleza. En medio de este enfrentamiento, aparece Conan, quien conoce la localización exacta del tesoro y propone compartirlo, siempre y cuando lo ayuden a escapar de los pictos que andan tras él. La alianza entre Conan, el conde y los bucaneros está siempre bajo sospecha, marcada por la desconfianza mutua y los intentos de traición. Durante la expedición en busca del tesoro, los pictos atacarán, obligando a todos los personajes a buscar refugio en el fuerte y luchar por sus vidas. Valenso, Zarono y Strombanni morirán bajo las armas pictas, pero Conan conseguirá escapar en el barco de los bucaneros.

La historia no es ya la de un Conan joven, que desconoce las dobleces de la civilización y la frontera, sino la de un hombre adulto, adaptable y pragmático. Un luchador que sabe cómo sobrevivir y prosperar en un mundo violento donde la lealtad es siempre incierta. Las relaciones de Conan con los pictos y los civilizados son prueba de una frontera ambigua. Conan no es un salvaje, pero tampoco un civilizado. Se mueve entre ambos mundos para sobrevivir. No condena, ni cuestiona. Aprovecha la incertidumbre para alcanzar sus objetivos y sobrevivir un día más.

En sus cartas y relatos, Howard presenta una visión de la frontera que va más allá de Turner. Reconoció el mestizaje y los intercambios como parte de la construcción del suroeste. Lo hizo sin idealizarlo como un paraíso, siempre consciente de las limitaciones y retos que supone el encuentro entre pueblos. Para él, mexicanos e indios aportaron elementos a la identidad del Oeste, pero el papel central correspondía a los pioneros de origen británico, sus antepasados, protagonistas indiscutibles. Así, Howard entendió la frontera como un *borderland* complejo, sí, pero también, igual que Turner, como el lugar donde se forjó un tipo de hombre especial. No un conquistador que arrasa, sino el que sobrevive en medio de las circunstancias.

La asimilación de irlandeses y escoceses junto a los ingleses en una misma identidad es uno de los rasgos distintivos de la cosmovisión de Howard. Como recuerda Mark Finn en su biografía, a finales de los años veinte Howard manifestó en varias cartas, sobre todo a su amigo celtófilo Harold Preece, una pasión entusiasta por su ascendencia irlandesa. Su madre, descendiente de inmigrantes de Irlanda, llegó incluso a hablarle en sus últimos años con acento irlandés. Ese renacer de Howard coincidió con un momento de revolución mundial para la identidad irlandesa: el IRA combatía entonces contra el ejército británico y en 1931, fruto de esa lucha, se constituiría el Estado Libre de Irlanda.

Antes de la Primera Guerra Mundial, la inmigración irlandesa tenía una consideración similar a la de otras etnias por las que Howard o Lovecraft mostraron su desprecio o, en el mejor de los casos, sus suspicacias. Existía un abismo entre los anglosajones blancos y protestantes y los católicos irlandeses. El conflicto en el viejo país y el renacer cultural irlandés llevaron a los irlandeses americanos a reclamaran su estatus racial a la vez que reivindicaban su propia identidad. Para Howard, este proceso fue definitivo tanto en la configuración de su propia personalidad, como de su obra:

En sus primeras cartas con Lovecraft, da buena cuenta de su posición respecto al conflicto irlandés. Escribe en diciembre de 1932:

"Es natural que tengamos posturas opuestas en la cuestión del Ulster. [Tras discutir sobre la incorporación del norte de Irlanda al Estado Libre] Pero (…) es mucho pedir esperar que me posicione contra mi propia carne y sangre, a favor de sus enemigos hereditarios. Para mí no importa si los irlandeses llevan razón o no, igual que no me importa si un miembro de mi familia tiene razón o no en una disputa con un extraño."

Los héroes de Howard, cuando están situados en un contexto contemporáneo, a menudo tienen ascendencia irlandesa o mestiza. Turlogh O'Brien, el protagonista del ciclo de Turlogh el Negro, es un irlandés moreno, reflejo del propio Howard. Cormac Fitzgeoffrey, el héroe de la serie "Halcones de Ultramar" combina raíces irlandesas y normandas. Steve Costigan, el boxeador protagonista de diferentes historias sobre este deporte, también refleja su herencia irlandesa en su carácter.

La identidad irlandesa es crucial para entender a Howard y su visión de la identidad americana. El texano vio en la herencia céltica un componente clave del acervo racial que configuró la identidad del suroeste. Para Howard, la ascendencia y la raza determinaban el carácter de los hombres. La sangre irlandesa había insuflado a los pioneros la determinación y el coraje para expandir sus tierras más allá, hasta el Pacífico. Su melancolía había dado vida a la poesía y las canciones que narraban esa epopeya. La frontera era, desde luego, un lugar de encuentro y lucha para muchos pueblos, pero era, sin ninguna duda, un capítulo más, uno especialmente brillante, de la épica nacional irlandesa.

Para Howard, sin embargo, la llegada de inmigrantes desde otros lugares de Europa, al albur del rápido desarrollo económico del país, siempre fue un problema, igual que lo fue para Lovecraft. Para comprender su oposición a la llegada masiva de inmigración europea es fundamental considerar su experiencia personal y las observaciones que consignó durante sus viajes por Texas.

Robert vio con desagrado la gran afluencia de italianos, alemanes, rusos o checos a las ciudades y pueblos del estado. No era una cuestión de color de piel, ya que muchos de estos inmigrantes eran blancos, sino lo que percibía como una influencia exógena que amenazaba la esencia de los pueblos que habían participado en la formación de la cultura de frontera. Su preocupación radicaba en cómo estas nuevas y masivas oleadas de inmigración iban a alterar la identidad distintiva del suroeste, que, como hemos descrito, había sido resultado de la colonización de los pioneros y sus interacciones con mexicanos e indios.

Por ejemplo, en una de sus primeras cartas con Lovecraft, fechada en septiembre de 1930, Howard dice lo siguiente:

"Tu mención de la invasión italiana de Nueva Inglaterra me recuerda a una fase de la vida americana que siempre me llena de rencor: la llegada masiva de trabajadores de clase baja. He visto cómo ocurría en Texas. El estado está siendo tomado lentamente por población del sur y el centro de Europa (…) Fueron traídos para trabajar en las plantaciones controladas por las corporaciones e inundan nuestras ciudades. Las condiciones del barrio latino de Nueva Orleans son de una suciedad y una depravación casi increíbles. Lo mismo ocurre en las grandes plantaciones de algodón del sur de Texas. Estas plantaciones, mayoritariamente en manos de hombres de otros estados, están trabajadas enteramente por mexicanos (…) Un mexicano se ali-

72

menta con salarios que reducen al hombre blanco a la inanición. (…) Aunque no me gustan los métodos para traer grandes grupos de mexicanos (...) para competir con los trabajadores blancos, miro con tolerancia a aquellos que ya están aquí y prefiero a los mexicanos antes que a los italianos. Después de todo, los mexicanos pueden mostrar algo de prioridad, ya que sus ancestros recibieron a Cortés".

Apenas un mes después, continuaba la conversación y dejaba un fragmento interesante en el que se hace mención explícita al mestizaje:

"[En San Antonio, Texas] la población es mayoritariamente latina, pausada y propia del viejo continente. Puedes ir por los bloques y no escuchar nunca una palabra de inglés. Gran cantidad de chinos se alojan en los barrios puramente mexicanos y se mezclan con los latinos, igual que con los negros y una cantidad importante de italianos. (…) Las condiciones de vida son naturalmente bajas en San Antonio y existe una gran cantidad de anarquía. 'El país bajo', como se le llama aquí en el oeste de Texas, está inundado de razas mestizas de diferentes nacionalidades que, mezclándose con los viejos forajidos escoceses e irlandeses de Texas, han producido personajes desesperados. (…) Puedes ver lo que la amalgama de diferentes mezclas producirá en diferentes casos: dónde hay mezcla india-mexicana, población británica pionera, alemanes, polacos o latinos. Por supuesto, muchas viejas familias, americanas y alemanas, se han mantenido aparte de la chusma y se han casado entre aquellos de su propia raza o entre ellos, pero las últimas llegadas de Europa tienden a mezclarse sin ritmo o razón."

Y poco tiempo después, en enero de 1931, describía la distribución racial de Texas de la siguiente manera:

"Me temo que, en pocas generaciones, Texas será desbordada por mestizos. Mirando al estado en su conjunto, la gran masa de población es anglo-americana, especialmente de ancestros del sur, aunque una buena parte traza sus orígenes al medio-oeste y Nueva Inglaterra. El centro de Texas es dominantemente anglo-sajón e irlandés-escocés, más que ninguna otra porción. En la frontera hay un gran elemento latino y la costa está inundada de extranjeros."

Sus afirmaciones, considerando los estándares del siglo XXI, son a todas luces problemáticas. Si bien algunos críticos han querido ver en ellas el resultado de un racismo inmanente al sur americano, merece la pena analizar qué se escondía detrás.

Mark Finn, en su biografía, hace un relato contextualizado de las opiniones de Howard que sirve como un buen punto de partida. Robert había nacido en Texas, un estado conservador y religioso, en el que la esclavitud había estado extendida y la guerra civil, así como las guerras de frontera, eran un recuerdo vivo para muchas personas. Entre 1900 y 1930, en vida de Howard, se produjeron hasta veinte disturbios raciales en las ciudades del estado, incursiones mexicanas en la frontera y pequeños levantamientos de las reservas indias. En el mundo intelectual, las ideas del darwinismo social de Herbert Spencer se consideraban válidas, Francis Galton había fundado sus teorías eugenésicas y Gobineau o Chamberlain habían publicado sus obras sobre la historia como una lucha de razas por la superioridad.

Sería ingenuo para cualquier lector de Howard no ver la influencia de todo este mar de ideas en el autor. Sin embargo, para comprender su visión de manera integral, no podemos limitarnos a opiniones puntuales que reflejan esos prejuicios. A pesar de sus posturas, las cartas y relatos demuestran que valoraba a los hombres por su coraje y su carácter, independientemente de su origen étnico.

Como señala Finn, en los relatos de *Kull de Atlantis* se refirió a los atlantes como una raza de piel morena, mientras que los antepasados de los europeos son mostrados como blancos salvajes. En sus crónicas de boxeo, expresó admiración por púgiles negros como Peter Jackson o Harry Willis, que inspiraron al protagonista del relato *Aparición en el cuadrilátero*. A finales de los años 20, antes de convertirse en escritor, compuso el poema *El día que me muera* que concluye con los siguientes versos:

Vivió un credo recto y sencillo
Y el tiempo que en el mundo pasó

Ya fuera blanco, negro o amarillo,
A su prójimo con justicia trató.

Y en el relato, *El pueblo de la oscuridad*:
"Adoramos dioses distintos, saqueador, pero todos los dioses aman a los hombres valientes. Puede ser que volvamos a encontrarnos, más allá de la Oscuridad"

Howard comprendió que la frontera y sus habitantes habían creado un entorno único a través de sus intercambios y conflictos. Reconoció la pluralidad y complejidad de las relaciones que habían formado esa identidad. Apreció el valor y el heroísmo de todos sus protagonistas, sin importar el color de su piel, aunque siempre con la conciencia de llevar en sus venas sangre britana e irlandesa.

Su oposición a la inmigración debe entenderse de manera integrada, como parte de una reflexión más profunda sobre el cambio cultural y social de Estados Unidos. Howard vio en la masiva inmigración europea la manifestación de un fenómeno mayor: el desmantelamiento de la identidad individualista y democrática que la frontera le había dado a Texas y a los Estados Unidos. El boom del petróleo, probablemente el acontecimiento que más influyó en su vida, fue para él la chispa que prendía la llama de la degeneración civilizatoria americana. El fin de la frontera, de los hombres que había creado, y el comienzo del reinado de los nuevos dioses: el dinero y el Estado.

En 1901, el pozo Spindletop explotó en localidad de Beaumontt, en la costa del Golfo de Texas. Ese mismo año alcanzaría los cien mil barriles de petróleo al día. Una producción que superaba a la de todos los pozos del país juntos. A Spindletop le sucedieron los campos de East Texas y, en 1902, ya se producían 21 millones de barriles de petróleo al año. La oferta de crudo fue tan desmedida que el precio pasó de 2 dólares por barril a 3 centavos y convirtió a Estados Unidos en el mayor productor de petróleo a nivel mundial.

El boom del petróleo cambiaría el estado para siempre. Su población se multiplicó sin parar. Por ejemplo, la ciudad de Ranger, donde se descubrieron hasta 300 pozos, pasó de los mil habitantes a los veinticinco mil en cuestión de meses. Texas, hasta entonces un estado agrícola y ganadero, famoso por sus grandes rebaños y plantaciones de algodón, entró de manera acelerada en la segunda revolución industrial y sufrió sus consecuencias de la manera más descarnada.

Las ciudades y los pueblos no estaban preparadas para recibir la oleada de trabajadores y familias que llegaron para sumarse a la fiebre del petróleo. Texas se llenó de obreros, pero también de oportunistas, criminales y prostitutas.

Las enfermedades típicas de los grandes núcleos urbanos aumentaron y la fiebre tifoidea y la gripe afectaron a las zonas petrolíferas con una incidencia hasta cinco veces más alta que al resto de áreas del estado. El crimen en los primeros años del boom aumentaría en casi un 300%, un hecho que marcó a Robert E. Howard y que discutió de manera extensa con Lovecraft en su correspondencia.

Estos desarrollos urbanos acelerados, como el de la ciudad de Ranger, suponían también el crecimiento de más pueblos y asentamientos alrededor, destinados a seguir absorbiendo población nueva. Entre ellos estaba Cross Plains, el pueblo en el que Howard pasaría la mayor parte de su vida y escribiría su obra. En este lugar, el autor disfrutó de todos los avances tecnológicos que llegaban junto al petróleo. En 1920, Cross Plains terminó de electrificarse y en 1922 instaló una emisora de radio. El joven Robert, ávido de productos culturales, noticias políticas, retransmisiones de boxeo y música popular, viviría muchos momentos pegado al transistor, conectado al mundo exterior, más allá de Texas.

La llegada de nuevas tecnologías, como la radio, no fueron, sin embargo, suficientes para apaciguar su hostilidad hacia el boom y sus consecuencias. Para Mark Finn no existen dudas:

"Lo que más odiaba [el boom] fue también una de las influencias más poderosas en su vida y su obra. Sin el desarrollo de la industria petrolera en Texas, no habría existido Robert E. Howard, no como lo conocemos. Gran parte de su filosofía personal, que se plasmó en sus obras de ficción, su poesía y sus cartas, era un subproducto y una reacción a los cambios que el boom del petróleo provocó en Texas. Robert E. Howard creció con el petróleo y fue una infancia dura que le permitió construir mundos, personajes e historias, todo ello en un esfuerzo por escapar del lugar en el que vivía, o al menos afrontarlo en sus propios términos".

Howard vivió en primera persona la transformación del hogar de sus antepasados en algo radicalmente distinto. En 1925 llegó a trabajar como taquígrafo en una empresa petrolera local. Al año siguiente, se convertiría en camarero, donde entró en contacto directo con todo el tipo de gente, honrada o peligrosa, que había llegado con el boom. A pesar de su juventud, se ganó el respeto de muchos de ellos, moldeando un cuerpo gigante y musculoso, que ponía en práctica boxeando en la parte trasera de la fábrica de hielo de la ciudad.

La oposición de Howard al boom no sólo es considerada por Finn como un hecho trascendental en el desarrollo de su cosmovisión. Para otros autores, como Jared Van Duinen, la transformación radical de Texas dotó a la obra de Howard de un carácter populista que permeó a buena parte de la literatura popular americana desde los años 30. Van Duinen sostiene su tesis sobre la obra del crítico cultural Richard Slotkin. Para éste, el fin del proceso de la frontera, el mismo que había hecho reflexionar a Turner y Bolton, provocaría un cisma entre los escritores americanos, que terminarían divididos en dos corrientes: la progresista y la populista.

Ambas corrientes habrían visto en el desarrollo de la frontera un elemento vital para la formación y el crecimiento de las instituciones y el carácter nacional de los Estados Unidos. Con el fin de la frontera, los progresistas creían que el país debía volverse más centralizado, eficiente y buscar nuevos territorios en el exterior, como Cuba, Filipinas o Guam. Los populistas, en reacción, propugnaron la continuación de un país descentralizado, preferiblemente agrícola o que impulsara la pequeña industria autóctona y favoreciese el desarrollo natural de los territorios.

Slotkin analizó cómo estas ideologías se habían reflejado en la cultura popular, especialmente en la novela de detectives de autores como Dashiell Hammett o Raymond Chandler. Según el crítico cultural, el nacimiento y auge de este género constituyó una reacción a la corriente progresista, encontrando en el detective duro, violento y solitario un símbolo de resistencia frente a las corrientes dominantes del progreso capitalista y la industria, siempre dispuestas a aplastar al individuo. Para Van Duinen, Conan y los héroes howardianos representan exactamente lo mismo.

Los testimonios de Howard muestran, desde luego, que consideró el boom y el desarrollo económico acelerado como el inicio de un proceso destinado a acabar con la singularidad de los estados, y específicamente del estado de Texas, por parte de los intereses políticos y económicos procedentes de otras partes del país. Escribía en diciembre de 1930:

"Estás en lo correcto respecto a la estandarización de América y la fusión de los individualismos locales. (…) Una parte de la nación está explotada por hombres que viven en otra parte. Igual que el sudoeste ha sido explotado durante años por compañías de petróleo, ganado y grano cuyos líderes están en Chicago o Nueva York"

Un mes después, profundizaba en este mismo argumento:

"Llevas razón al decir que la principal lucha de América es entre el individualismo y las corporaciones y supongo que nada puede detener la actual tendencia cultural e industrial. No tengo dudas de que, en unas pocas generaciones, los Estados Unidos presentarán un patrón uniforme, modelado en la fábrica mecanizada de Nueva York".

Ese proceso de estandarización, el intento de acabar con la libertad individual, se estaba valiendo de dos instrumentos clave. Por un lado, la violencia, consecuencia de la llegada masiva de inmigración, que estaba alterando el tejido social formado durante años en las comunidades locales.

Por otro, una producción legislativa masiva, destinada a sobrerregular la vida de los hombres sencillos, imponiendo leyes más orientadas a restringir la autonomía de los ciudadanos comunes que a solucionar los problemas ocasionados por el boom. Para Howard, la aplicación desigual de esta legislación, beneficiando a las élites económicas y ejerciéndola con dureza contra los más vulnerables, era la prueba inequívoca de que Texas estaba en el punto de mira de las élites del país y que su carácter independiente y libertario era el obstáculo a eliminar.

En 1931, describía los problemas de seguridad ocasionados por el boom:

"Bien, la guerra del petróleo hace estragos. No tengo duda de que te habrán llegado los ecos allá en la Costa Este. El campo petrolero de Oklahoma City está bajo la ley marcial, igual que el gran campo de Texas Este. Mil hombres de la guardia nacional patrullan el Este de Texas y tienen a Hickman y sus rangers allí, para proteger a la guardia nacional, supongo. Normalmente, estoy totalmente en contra de cualquier tipo de ley marcial, pero esta vez creo que está bien. Las grandes compañías petrolíferas están estrangulando la propia vida de la industria".

Y, en la misma carta, daba cuenta de la transformación de las leyes en instrumentos opresivos:

"Los derechos de los estados parecen estar desvaneciéndose en la no existencia. Las leyes se han convertido en apoyos para los grandes delincuentes y tacones para aplastar a los pequeños infractores. Buena parte del desprecio por la ley parece ser el resultado de oficiales corruptos –el chantaje, el fraude y la injusticia reinan. (…) Había más justicia en los viejos tiempos, cuando cada hombre llevaba la ley colocada en su cadera. Los hombres, al menos en el oeste, reconocían los derechos del individuo que ahora se ignoran. Hoy en día, se supone que un hombre no debe tener corazón, agallas, cerebro, sangre u honor".

Para Howard, la violencia nunca fue el resultado de una maldad intrínseca del pueblo. Aunque criticó el mito del buen salvaje, entendía que la brutalidad y los conflictos sociales que vivió Texas eran consecuencia directa de las condiciones de explotación y desarrollo económico que se imponían sobre las comunidades. La desesperación, la injusticia, la brutalización del pueblo a través de las fuerzas de seguridad y las leyes, sumado a la introducción masiva de trabajadores foráneos en paupérrimas condiciones eran los grandes causantes del crimen. Así lo escribía en 1932:

"Por lo que recuerdo, Texas era un lugar mucho más seguro y agradable para vivir antes de que la llegada de gente de otros estados obligara a forzar la legislación protectora en torno a nuestras gargantas. (…) [Un candidato electoral] mantiene que se están aprobando muchas leyes y prevé que la gente acabará convertida en siervos literales sólo por la aprobación de esta cantidad de leyes. Estas leyes, los ricos las pueden evadir, mientras que los pobres no. (…) En vez de dejar que se desarrollen gradualmente de acuerdo a nuestras vidas, y que podamos trabajar en nuestras propias leyes y cultura, el estado ha sido inundado con capitalismo de otros lados del país, por gente que quiere utilizar las leyes en su propio beneficio, para que puedan explotar al estado y ser protegidos de cualquier represalia al hacerlo. (…) Ayer Texas era una frontera, hoy es una bolsa para las grandes empresas. (…) La transición es dolorosa para una persona de la vieja tradición"

Y en julio de 1934:

"La gente común es llevada a la desesperación por la brutalidad de la policía, que obedecen las órdenes de oficiales corruptos, favoreciendo los intereses de las grandes empresas (…) Vuelvo a mi primera afirmación, que no puede ser rebatida: el robo y la explotación de los recursos naturales del estado por intereses foráneos sin escrúpulos causan la mayoría de crímenes en el estado, directa o indirectamente. Si expulsamos a estos poderes del estado y nos hacemos cargo, si nos permiten dirigirlo como nosotros, los verdaderos ciudadanos, queremos dirigir, verás un estado insuperable en el continente en cuestiones de paz y control del crimen".

Ya en 1931, Howard comenzó a relacionar claramente la transformación acelerada de su sociedad con la inauguración de una nueva fase civilizatoria. Un tiempo nuevo que priorizaría el dinero, la industria y el progreso tecnológico a cualquier precio:

"Sí, los derechos de los estados y de los individuos parecen condenados, igual que el individuo parece condenado, excepto, por supuesto, aquellos individuos que son lo suficientemente ricos y poderosos como para hacer sus propias leyes y montarse encima de la ola de engaño y alucinación del gobierno de las masas. La estandarización está aplastando el corazón y el alma, la sangre y las agallas de la humanidad y el resultado será o la esclavitud completa y sin paliativos o la destrucción de la civilización y el retorno a la barbarie. Una vez el hombre cantó sus alabanzas a dioses efímeros tallados en marfil y madera. Ahora cantan igualmente alabanzas sin sentido a los dioses igualmente efímeros y vanos de la Ciencia y el Comercio y el Progreso. Infiernos"

Durante sus intensos debates con Lovecraft sobre la civilización, el de Providence siempre reprocharía a Howard una actitud reaccionaria y primitiva sobre el progreso. Aunque ambos compartían descontento con la dirección que tomaba el país, sus diagnósticos y propuestas sobre los problemas de la modernidad eran fundamentalmente opuestos. Lovecraft malinterpretó repetidamente las críticas de Howard hacia las contradicciones y consecuencias negativas del progreso civilizatorio, confundiendo la preferencia poética y literaria del texano por los bárbaros con una apología del salvajismo. Esta percepción errónea persiste aún hoy.

Howard siempre se opuso a esta caracterización de él mismo y a la simplificación de sus opiniones. Defendió que sus reparos frente al progreso no eran consecuencia de un rechazo irracional hacia el avance de la humanidad, sino una advertencia de los peligros del avance desmedido y del sacrificio de la libertad individual. Así lo expresó en enero de 1934:

"No quise decir que la gente sufriera más bajo la civilización que bajo la barbarie. Sólo sugiero que el bárbaro no sufre como lo haría un hombre civilizado si fuera forzado a vivir bajo las mismas condiciones que un bárbaro. Me opongo a lo que parece que sugieres: que la vida civilizada no produce condiciones que lleven al sufrimiento. Difícilmente puedes culpar de los talleres clandestinos y las huelgas y la depresión económica y las condiciones higiénicas de los asentamientos y los ghettos a los godos o los vándalos. (…) Son características de lo que conocemos con respecto a la vida asentada y civilizada y no existían ni en la frontera americana, ni entre los bárbaros teutónicos. Dices que la gente que está sufriendo por la depresión [se refiere al crack del 29] es muy poca. Difícilmente puedo estar de acuerdo. Diez millones de desempleados es escasamente insignificante, incluso en un país de este tamaño. Y hay

muchos millones más que se encuentran casi insoportable-
mente oprimidos, aunque no sean desempleados".

Para Howard, la solución a las contradicciones de la civilización no eran el retorno a una edad de oro de la barbarie, sino una recuperación del tipo específico de progreso
autóctono que se había forjado durante los tiempos de la
frontera. Encontramos aquí al Howard más *turneriano*, que
vio en el avance hacia el Oeste no sólo un escenario de
bellas historias y sangrientas batallas, sino un lugar en el
que floreció el espíritu individual en los hombres y un
carácter democrático sin igual en las comunidades. La
independencia, valentía y sentido de pertenencia que floreció en la frontera eran el mejor ejemplo de lo que significa-
ba ser estadounidense.

Así lo defendió en junio de 1933:

"Respecto a las ventajas de la frontera, depende de alguna manera del individuo, creo, pero me niego a pensar que
la elección de esa vida implica una naturaleza inferior. (…)
Pero muchos buenos hombres consideraron la frontera
preferible a una forma de vida más organizada y esto es evidente por el mero hecho de la llegada de esta gente desde
lugares más civilizados. Hay una idea ampliamente difundida de que la frontera fue poblada por hombres rotos, que
se habían probado inútiles en cualquier otro lugar, criminales y pobres. Creo que esa falacia fue creada y difundida
para halagar la vanidad de aquellos que se quedaron en

casa. Por supuesto, también había criminales, pobres y hombres fallidos en el avance hacia el oeste. Me gustaría saber de alguna fase de la humanidad en la que no estuvieran presentes. También me gustaría saber cómo estos supuestos debiluchos e inadaptados conquistaron uno de los lugares más salvajes y feroces que el planeta ha visto. (…) El hombre de la frontera no era un bárbaro; fue simplemente un tipo especializado. Mi concepción del barbarismo no resplandece especialmente."

O en septiembre de ese mismo año:

"¿Exaltar la frontera? Sí, la exalto. Cuanto más viejo me hago, más me doy cuenta de su gloria, del verdadero valor, del acero en los hombres y las mujeres que lo hicieron realidad. (…) La tradición de la frontera no es un sueño o una leyenda. Es un elemento vivo y vital que, le guste o no a la gente del viejo país, da color y sabor a la vida diaria del Oeste y continuará haciéndolo durante generaciones, al menos mientras permanezca la gente del viejo linaje. Y el oeste, como un vistazo a cualquier mapa mostrará, no es de ninguna manera insignificante o falto de importancia en el desarrollo de la nación americana".

Culminando en enero de 1934, con una carta que resume como ninguna la asociación entre frontera, libertad individual y democracia:

"Y tal y como yo he luchado por el máximo de libertad en mi propia vida, miro atrás con envidia a la mayor libertad que disfrutaron mis ancestros en la frontera. ¿Trabajo duro? Ciertamente, trabajaron duro. Pero estaban construyendo algo, aprovechando al máximo sus oportunidades; trabajando para ellos mismos, no eran meros engranajes en una máquina sin alma, como lo es el hombre trabajador moderno, cuya vida es una constante infinita de trabajo más monótono y aplastante que el de la frontera. No está construyendo nada. Simplemente, se está ganando la vida a duras penas. (…) Al narrar las contrariedades de la vida de frontera [le dice a Lovecraft], has perdido completamente de vista lo más determinante de todo: las oportunidades que el nuevo país ofrecía, las oportunidades de que un hombre hiciera carrera y fortuna. Había verdadera democracia. La pobreza no era degradante. El hombre, no el dólar, era la medida del éxito."

La medida del éxito era la capacidad de prosperar en la vida y la prosperidad no se entendía necesariamente como algo material, sino como un trofeo arrebatado a la naturaleza. La demostración de que un hombre, con igualdad y libertad, puede triunfar sobre las dificultades mediante el coraje, la solidaridad y el apoyo mutuo. Este era el sueño americano de Howard y ese ideal de perseverancia y desprendimiento hacia los demás caracterizó a los héroes a los que admiraba y a los que creó en las páginas de sus relatos.

Su descripción, en una carta de enero de 1931, de John Chisum, es uno de los mejores ejemplos de ello. Chisum había sido un ganadero que hizo fortuna en la segunda mitad del siglo XIX llevando sus rebaños de vacas por las tierras de Nuevo México, entonces inexploradas por los estadounidenses:

"John Chisum nació en Tennessee y creció en el este de Texas. Fue un constructor de imperios, si es que alguna vez hubo uno. Cuando se lee la historia de Nuevo México, parece que él sostenía todo el territorio – ¡la gente o trabajaba para John Chisum o robaba su ganado! En sus días de mayor poder, llegó a tener más de cien mil cabezas de ganado. (…) Siempre mantuvo su casa abierta; allí cualquier hombre podía quedarse o comer siempre que quisiera y nunca se le hacían preguntas. Veintiséis sitios para desayuno, comida y cena se hicieron en su gran casa de adobe y normalmente todas las sillas estaban ocupadas. Fue una figura de proporciones heroicas, un constructor de imperios y, sin embargo, fue simplemente, por instinto, un hombre de negocios cabezota. No hubo nada dramático en John Chisum y quizás por eso la historia le ha olvidado en favor de inútiles pero resplandecientes personajes que abrieron vanos senderos de sangre y matanza a lo largo del Oeste."

No obstante, la apología que hizo Howard del espíritu de la frontera no debe confundirse con una propuesta política regresiva o nostálgica. Robert sabía que los viejos tiempos, en la forma en la que los vivieron sus antepasados, no podían volver. Expresó, no sólo su admiración, sino su profundo amor por el espíritu que animó a la conquista del Oeste, pero no creía que aquello pudiera retornar tal cual fue. Escribe así a Lovecraft en enero de 1934:

"Respecto a la frontera, de nuevo, nunca he sugerido que sus métodos sean aplicados a los problemas modernos. Nunca he expresado el deseo de que la frontera continuara en todos sus aspectos hasta los días modernos."

Las caravanas de pioneros no volverían a cruzar el Río Pecos y los exploradores no volverían a refugiarse en las Davis Mountains. Esos tiempos ya habían pasado y la rueda del auge y caída de las civilizaciones seguía girando en el mismo sentido. Sin embargo, la libertad individual, la democracia, el coraje y la independencia seguían siendo pilares válidos para organizar la vida en comunidad y eran, ante todo, la única resistencia posible frente al desarrollo económico acelerado, la sobrerregulación y la opresión de una ley que sólo servía a los poderosos. Es decir, el único antídoto para frenar la rueda de la decadencia.

Escribía así en diciembre de 1932:

"Añoro los días de la primera frontera, donde los hombres eran verdaderamente más libres que en ningún otro tiempo o lugar de la historia del mundo desde que el hombre comenzó a atarse a sí mismo a las cadenas de la civilización. Esto es un sentimiento meramente personal. No intento defender un único ideal de libertad personal como el objetivo de progreso y cultura. Pero, por Dios, reclamo la libertad para mí mismo. Y si no puedo tenerla, prefiero estar muerto".

Y en septiembre de 1933:

"Simplemente creo en la igualdad fundamental de los hombres. Reconozco que hay hombres más astutos, más fuertes o valientes o más inteligentes que otros. Pero si alguien tiene derechos, todos tienen esos derechos. (…) La naturaleza humana no cambia por abrillantarla con una cultura venerable. Haz de la papeleta electoral una recompensa al estudio en la línea especial de la economía y el gobierno y una minoría poderosa acabará consiguiendo el poder total y exclusivo en sus manos."

Esta defensa radical de la libertad e igualdad como valores de la frontera lo hicieron acreedor de un carácter populista que le llevó a identificarse siempre como un miembro más del pueblo. A pesar de la incomprensión de la que fue objeto durante toda su vida en Cross Plains, donde sus aspiraciones de ser escritor se veían como una excentricidad, siempre mantuvo ese principio plebeyo. Comprendió que su carácter especial no le hacía valedor de ningún privilegio y que su oficio de escritor no era diferente al de soldador o electricista. Necesitaba un salario, como todos los demás, y un lugar en el que desarrollarse. Sólo la libertad individual y la igualdad ante la ley eran garantes de ello.

Así lo expresaba en septiembre de 1932:

"Para las otras clases, nosotros –y cuando digo 'nosotros' me refiero a las masas trabajadoras, de las que soy miembro– nosotros, digo, somos menos que perros que comen sus excrementos. ¿Cómo podemos desarrollar inteligencia y coordinación cuando la vida es una lucha por la existencia que nubla cualquier otra consideración? ¿Qué son los filósofos y los economistas para un hombre cuya vida consiste en romperse la espalda o adormecer el cerebro desde el momento que se levanta hasta que cae aturdido en la cama esa noche? Estoy de acuerdo contigo en que la única manera de que las masas consigan algún beneficio es mediante la fuerza. Pero dudo mucho que, si ese evento ocurre, los gobernantes llamen a los sociólogos; es más probable que llamen a los pistoleros y mamporreros, que sofoquen la revuelta mediante la masacre y el asesinato masivo".

Y así en junio de 1933:

"Mis gustos y hábitos son simples. No soy erudito, ni sofisticado. Prefiero el jazz a la música clásica, los musicales burlescos a la tragedia griega, Arthur Conan Doyle a Balzac, los versos de Bob Service a los escritos de Santayana, una velada de lucha antes que una clase de arte. Leo las revistas Pulp y las disfruto. Me rio con rabia con las comedias slapstick en las películas. Respeto la religión de los hombres, crea en ella o no. Soy 100% americano y estoy condenadamente orgulloso de ello. Creo que Estados

Unidos es el mejor país de la tierra y no cambiaría ni un trozo de ella por toda la tierra de Europa. Animo como un loco en los partidos de fútbol, en las noches de pelea y en las carreras de caballos."

En 1935, reprochaba a Lovecraft su desprecio por las clases populares y se mostraba convencido de que el pueblo, sin la presión del desarrollo económico acelerado a sus espaldas, podía vivir una vida pacífica y satisfactoria:

"Dices: 'El mundo del hombre desarrollado debe mantenerse firme ante el asalto atávico de los sub-hombres de los bajos fondos'. ¿Quiénes son esos hombre-mono que quieren destruir todo lo que es bueno y exaltar todo lo malo? ¿No crees que vas un poco lejos al clasificar a ciudadanos normales como gánsteres, rufianes, matones y otros criminales? Es verdad, no todos podemos ser científicos, académicos o artistas; pero muchos de nosotros, de hecho, la mayoría de nosotros, somos ciudadanos tan obedientes de la ley como eres tú".

Este no fue el único reproche que hizo a su amigo de Providence. Howard creía que el desprecio a las clases populares era el causante de su brutalización mediante la esclavitud económica y que ese proceso conduciría al aplastamiento total de la tradición democrática y liberal que la frontera había legado a los Estados Unidos. El resultado sería un mundo uniforme, estatalista y dirigido por élites económicas y políticas que utilizarían al pueblo para librar sus guerras y extraer recursos que los hicieran más y más ricos. Por eso Howard se opuso de manera firme al fascismo y reprochó decididamente a Lovecraft su apoyo temporal a Hitler y Mussolini.

En enero de 1934, ya con Hitler en el poder, escribía a Lovecraft:

"Pareces creer que el fascismo garantizará absoluta libertad de pensamiento e investigación. Me pregunto si está fe está garantizada. (…) Siempre me ha parecido, quizás erróneamente, que la supresión de la libertad de expresión y pensamiento va acompañada de la dictadura. (…) La sobrerregulación de la vida física del hombre va generalmente acompañada de la sobrerregulación de la vida mental".

Howard siempre consideró las guerras como herramientas de las oligarquías para acaparar recursos. Así lo expresaba en diciembre de 1935:

"Dices que algunas guerras son en defensa de la civilización (…) ¿Lo fue la guerra contra España, en la que nuestros capitalistas se apoderaron de una isla por su riqueza en azúcar? ¿O lo fue la Gran Guerra, en la que los alemanes masacraron por expandir la Kultur y los aliados lucharon por 'hacer del mundo un lugar más seguro para la democracia'? (E incidentalmente proteger las inversiones de Wall Street en Europa) ¿O lo es la actual batalla en África donde los italianuchos están civilizando a los ignorantes etíopes con gas venenoso y balas expansivas?"

En el fascismo y el nazismo vio el rostro más despiadado de esos intereses oligárquicos, dispuestos a sumir al mundo en un conflicto general por su propio beneficio. En los albores del segundo conflicto mundial, Howard señaló la hipocresía civilizatoria más cruda, preparada para utilizar cualquier pretexto noble y justificar la opresión y la masacre. Ya en diciembre de 1932 escribía lo siguiente:

"No espero un estado permanente de esclavitud, pero sí creo que habrá un periodo más o menos largo en el que la libertad individual y de clase será prácticamente desconocida. Y no lo llamarán esclavitud o servidumbre. Tendrán otro nombre para ello –comunismo, fascismo o nacionalismo o algún otro ismo; pero bajo la superficie, será la misma vieja tiranía, modificada, sin duda, para adaptarse a las condiciones modernas. (…) La tendencia de los gobiernos ha sido hacia la centralización, la creación de clases especiales privilegiadas y la abolición de los derechos individuales"

En este contexto de cambios acelerados y amenazas a la libertad, Howard se mantuvo firme como defensor de los principios fundamentales de la identidad estadounidense. Abogó por rescatar y preservar las ideas formadas en la frontera. La libertad, la igualdad y la democracia debían seguir siendo la bandera del ideal americano, a pesar de su largo camino de decadencia.

Howard observó en el desarrollo de lugares como Nuevo México un modelo positivo de crecimiento autóctono y progresivo, que favorecía la agricultura, la industria pequeña y los intereses de los viejos habitantes del país. Existía una alternativa al crecimiento acelerado y violento que estaba destruyendo el tejido social y la tradición de Texas. Howard vio en Franklin D. Roosevelt una figura capaz de devolver el rumbo al país, dispuesto a enfrentarse al poder de los monopolios económicos y la industria, y de contrarrestar la amenaza fascista a través de la cual las élites pretendían defender sus privilegios con la violencia.

Así lo expuso en mayo de 1934:

"Los nativos [de nuevo México] poseen sus tierras de cultivo y ni siquiera el capital de Wall Street ha encontrado una manera de explotarlo. En Texas, hay seis millones de personas, de todas las razas y nacionalidades bajo el sol. Tenemos puertos marinos, gigantescos campos petrolíferos, minas, producción al por mayor que no conocen, problemas que no saben ni siquiera que existen. La posición de Nuevo México es similar a la que tendría Texas si se le hubiera permitido desarrollarse gradualmente y a su manera, por los esfuerzos de sus ciudadanos. Pero no se nos permitió. (…) ¿De verdad crees que estos estados están habitados por un linaje de personas diferente a aquellos que se asentaron al principio y desarrollaron Texas? (…) ¿Qué causó la mayoría de conflictos? ¿Los resultados naturales de la vida pionera? Raramente. La misma cosa que desató el infierno en Texas, la explotación del negocio del ganado por parte de grandes empresas ganaderas británicas y del este. (...) El capital con sus prácticas despiadadas vino para quedarse. Y con él, vino toda esa violencia al albur de la explotación intensiva."

Y en octubre de 1934, en un párrafo que resume como ninguno su cosmovisión política:

"La misma banda [se refiere a Hoover y el partido Republicano] que han estado saboteando a la administración y gritando '¡Comunismo!' cada vez que Roosevelt intenta liberar un poco al país de los monopolios. Sé que ahora está de moda mofarse de la democracia, pero la democracia no tiene la culpa de los problemas del mundo. Los culpables son aquellos hombres que quieren 'salvar' al país bajo el nombre nuevo de nazis o fascistas. El último presidente democrático que hemos tenido ha sido Andrew Jackson. Durante casi cien años, esta nación no ha sido una democracia. Ha sido una oligarquía capitalista disfrazada de democracia, excepto en las franjas de la frontera, donde las condiciones democráticas han existido realmente hasta la última generación. El fascismo no es nada más que un nombre para la tiranía industrial. Es el último paso de los atrincherados propietarios de privilegios, que esclavizarían al pueblo bajo ellos más allá de toda esperanza. El movimiento fascista en América no es más que el movimiento de parte de los barones del dinero para establecerse más firmemente que nunca, para aplastar los últimos vestigios de libertad del pueblo bajo ellos".

Explotación económica, desarrollo acelerado, violencia en las calles, guerra mundial… No es de extrañar que Robert. E Howard considerara la existencia como una fuerza entrópica, responsable del caos y de un tiempo que siempre era sospechoso de engaños. La rápida transformación social de su entorno y los acontecimientos que se sucedían en el mundo parecían presagiar un inminente colapso global.

En medio de esta desolación, Howard no cedió a la desesperanza, a su melancolía celta, ni se sumió en una visión fatalista del futuro. Incluso sabiendo que todo declive civilizatorio es inevitable, mantuvo siempre la conciencia de sus raíces, del lugar del que venía y del mundo que heredaba. Sus antepasados cruzaron el océano, atravesaron el país y, frente a las amenazas de cualquier tipo, encontraron su lugar. Habían superado obstáculos tan grandes como los que él tenía que enfrentar y, aun así, habían prevalecido. No tenía alternativa, debía plantar cara y así lo hizo. Sólo una devastadora tristeza, fruto de la muerte de su madre, fue capaz de apartarle del camino.

No obstante, durante su vida legó una visión que pagaba tributo a la epopeya de sus ancestros, que reflejaba un profundo sentido de resistencia y adaptación, y que supondría el basamento fundamental del modo de vida americano. Se resistió a la tentación totalitaria, señaló las contradicciones de la civilización y reivindicó siempre la libertad, la igualdad y la democracia como los valores auténticos que podían proteger al pueblo de sus enemigos. Sus ideales no eran los de un proyecto iluminista revolucionario, sino la reivindicación de una forma de vida. La suya y la de los suyos.

Howard no ignoraba el contraste entre sus preferencias poéticas y la realidad práctica. Su exaltación del hombre radicalmente libre, salvaje y bárbaro era un ideal romántico que contrastaba con una época de opresión creciente y desafío a la libertad. Sin embargo, sabía que no había retorno y que ninguna edad estuvo bañada en oro. Sabía que el verdadero progreso debía integrar los ideales forjados en la frontera con las necesidades del presente. Tenía claro lo que debía protegerse: la capacidad del hombre, cualquiera sea su extracción, para plantarse ante la vida y encontrar su lugar en el mundo. Conan, nacido en la brutal Cimeria, hará uso de su adaptabilidad, su coraje y valentía para convertirse en rey de Aquilonia. Kull, exiliado para siempre de su Atlántida natal, terminará sentado en el trono de Valusia, enfrentándose a cualquier enemigo.

A casi un siglo de su partida, la obra de Howard sigue siendo un territorio inmejorable para explorar sus inquietudes. Su legado resuena como una lucha por preservar al hombre libre, fuerte y auténtico a pesar del contexto y de las dificultades de la época. Sus historias no eran meras fantasías de un chico especial de Texas. Eran el resultado cultural de un ideal. El ideal de la frontera, un lugar de encuentro, de intercambio y de enfrentamiento. De muerte y vida. La cuna de los ideales de una nación que, de mantenerse fiel a sí misma, podría elevarse por encima de la vieja Europa. Así lo cantaron los viejos narradores del Oeste y así lo escribió este juglar de la frontera.

Para los relatos de Howard, se han utilizado las siguientes ediciones:

" Howard, R.E., 2021. *Nacerá una bruja*. 1ª ed. Sportula.
" Howard, R.E., 2021. *La reina de la Costa Negra*. 1ª ed. Sportula.
" Howard, R.E., 2021. *El fénix en la espada*. 1ª ed. Sportula.
" Howard, R.E., 2021. *El diablo de hierro*. 1ª ed. Sportula.
" Howard, R.E., 2019. *El exiliado de la Atlántida*. 1ª ed. La Hermandad del Enmascarado.
" Howard, R.E., 2009. *Bran Mak Morn: El último rey de los pictos*. 1ª ed. La Hermandad del Enmascarado.

Para las cartas entre Howard y Lovecraft, se ha utilizado la siguiente edición:

" *Means of Freedom: Letters to Robert A. Lovecraft*. (2007). [edited by] S.T. Joshi, David E. Schultz, and Rusty Burke. Providence, RI: Hippocampus Press.

Para lo demás:

" Finn, M., 2023. *A sangre y fuego: La vida y obra de Robert E. Howard*. 1ª ed. Sportula.
" Van Duinen, J. (2016). 'Robert E. Howard, the American Frontier, and Borderlands in the Stories of Conan the Barbarian'. *Extrapolation*, 57(3), pp. 355-372.
" Turner, F.J. (1893). 'The Significance of the Frontier in American History'. [online]
" Texas State Historical Association, Handbook of Texas Online. [online]

ROBERT ERVIN HOWARD
(Peaster, Texas, 1906 - Cross Plains, Texas, 1936)

Amelina Correa Ramón:
El escritor Isaac Muñoz

Galileo Galilei:
El infierno de Dante

Aldous Huxley:
La vulgaridad en literatura

William Blake:
El libro de Urizen

J. Fco Pastor Paris:
Femme fatale: imágenes de la bella diabólica

Andrés Sánchez Martíne:
Salomé: imágenes de un mito finisecular

Yevgueni Zamiatin:
La pulga, juego cómico en cuatro actos

W. B. Yeats:
La condesa Catalina

G. K. Chesterton:
Magia, una comedia fantástica

Vladimir Maiakovski:
La chinche, una comedia de magia

María Aboal López:
Histeria, literatura y mujer en el siglo XIX

Carmen Berna Jiménez:
Los locos de Galdós

Sigmund Freud:
Lo siniestro

Ivan Turguenev:
Hamlet y Don Quijote

Émile Zola:
Gustave Flaubert

Marcel Proust:
El caso Lemoine

Wilhelm Dilthey:
Satanás en la poesía cristiana

Emilia Pardo Bazán:
Balzac: la comedia humana

Ramón Gómez de la Serna:
Gérard de Nerval, una vida

Stefan Zweig:
Marceline Desbordes-Valmores

Manuel Azaña:
Cervantes y la invención del Quijote

Ralph Waldo Emerson:
Shakespeare y Goethe

Boccaccio:
Dante Alighieri: su vida y sus obras

Victor Hugo:
William Shakespeare

Mark Twain:
¿Ha muerto Shakespeare?

André Gide:
Oscar Wilde: in memoriam